배색의 즐거움

STRANDS OF JOY

글과 손뜨개 디자인
안나 요한나

사진
욘나 히에탈라 & 시니 크라메르

편집
욘나 히에탈라

Anna Johanna: Strands of Joy
All rights reserved.
No part of this book may be used or reproduced in any manner
whatever without written permission, except in the case of brief quotations embodied in critical
articles or reviews.
Korean Translation Copyright 2023 by Jigeumichaek,
Published by agreement with Ferly Agency,
throuhg BC Agency, Seoul.

이 책의 한국어판 저작권은 BC 에이전시를 통한 저작권자와의 독점 계약으로 지금이책에 있습니다.
저작권법에 의해 한국 내에서 보호를 받는 저작물이므로 무단전재와 무단복제를 금합니다.

북유럽 스타일 손뜨개 니트
배색의 즐거움

안나 요한나 지음 | 이순선 옮김

징검책

서문 7

주요 기법 8

1 마이야Maija 카디건 18

2 리드Reed 스웨터 28

3 조조JoJo 카디건 36

4 클로버Clover 카디건 44

5 피르타Pirta 카디건 52

6 인캔데슨트Incandescent 비니 62

7 폴리지Foliage 스웨터 66

8 레토Lehto 스웨터 72

9 에브리씽스 커밍 업 로지스 Everything's Coming up Roses 스웨터 80

10 로즈힙Rose Hip 스웨터 88

11 모헤어 퍼지Mohair Fudge 스웨터 96

12 플라워 파워Flower Power 카디건 104

13 시슬Thistle 카디건 112

14 스프라우트Sprout 스웨터 120

15 적스타포지션Juxtaposition 스웨터 128

16 캄Calm 원피스 136

17 하츠 온 어 스트링Hearts on a String 스웨터 144

18 우드랜드Woodland 카디건 152

19 웨이트리스Weightless 스웨터 162

20 타이미Taimi 스웨터 168

감사의 글 175

서문

어렸을 때 나는 패션 디자이너가 되고 싶었습니다. 드레스를 그려서 마커로 색칠하곤 했지요. 하지만 직업학교에서 잠시 봉제 쪽으로 진로를 고민하다가 대신 요리를 선택했습니다. 대학에 진학할 때는 가까운 동네에서 니트 디자인을 전공할 수도 있었지만, 취업이 쉬운 좀 더 현실적인 분야인 통계학으로 결정하고 박사과정까지 계속했습니다. 그리고 지금 나는 여기 있습니다. 니트 도안으로 가득한 첫 책의 서문을 쓰고 있어요. 몇 년 전, 한 소중한 친구가 나에게 꿈을 좇으라고 말해주었습니다. 닿으려고 노력이라도 하지 않으면 절대 기회가 오지 않을 거라고요. 그 생각은 나를 깜짝 놀라게 했습니다. 만약 꿈을 좇기 시작한다면, 실제로 이루어질지도 모른다는 거니까요. 올해 나는 방향을 틀어 내 꿈의 깊은 곳으로 뛰어들기로 결심했습니다.

2020년은 아마 누구에게도 계획대로 되지 않았을 것입니다. 시간이 지날수록 위로가 되는 바늘 소리, 손가락 사이로 흐르는 부드러운 털실, 편물에 만들어지는 단단한 코에 깊은 고마움을 느꼈습니다. 특히 배색은 내 마음을 진정시켜주었습니다. 나는 무늬에 집중해야 했어요. 배색은 다양한 분위기와 마음속 풍경을 만들 수 있는 무한한 가능성을 제공합니다. 친구들은 항상 내가 옅은 무채색에 끌리고, 서로 잘 어울리는 대비가 낮은 색상의 실로 줄무늬를 즐겨 뜬다고 놀립니다. 하지만 나는 부드럽고 조화로운 조합을 좋아해요. 만약 여러분이 극명한 대비의 밝은 색조에 심장이 두근거린다면, 마음에 드는 색으로 바꾸세요. 당신에게 즐거움을 주는 실로 뜨개를 완성해보세요.

안나 요한나

주요 기법

겉뜨기 Knit
실을 편물 뒤쪽에 두고 오른손 바늘을 코의 앞쪽에서 넣어 실을 걸어 앞으로 빼낸다.

안뜨기 Purl
실을 편물 앞쪽에 두고 오른손 바늘을 코의 뒤쪽에서 넣어 실을 걸어 뒤로 빼낸다.

코막음 Bind off
무늬대로 1코 뜨고, *다음 코를 뜬다, 왼손 바늘로 오른손 바늘의 오른쪽 코를 왼쪽 코 위로 덮어씌운다*. *~*를 반복한다.

가터뜨기 Garter stitch
겉뜨기만 계속한다.

고무뜨기 Ribbing / Ribbed stitch
겉뜨기와 안뜨기를 일정한 콧수로 번갈아 가며 뜬다.

메리야스뜨기 Stocking / Stockinette stitch
겉면 단에서 겉뜨기하고, 안면 단에서 안뜨기한다.

멍석뜨기 Moss stitch
겉뜨기와 안뜨기를 단마다(2단마다) 엇갈리게 뜬다.

꼬아뜨기 Knit through the back loop
코의 뒷가닥에 바늘을 넣어 겉뜨기한다.

감아코잡기 Backwards loop cast-on
시작 고리를 만들어 바늘에 걸고 *긴 가닥을 왼손 손가락에 건다. 바늘을 왼쪽에서 오른쪽으로 넣어, 고리 안으로 바늘을 넣는다. 손가락을 뺀다*, *~*를 반복한다.

별실코잡기 Provisional cast-on
자투리실과 코바늘을 사용해서 필요한 콧수만큼 사슬을 만들고, 진행할 실과 바늘로 사슬코의 뒷산에서 코를 줍는다.

일반코잡기 longtail cast-on
시작 고리를 만들어 바늘에 건다, *짧은 가닥은 엄지에 걸고 타래에 연결된 긴 가닥은 검지에 걸어, 왼쪽 고리 아래에서 위로 바늘을 넣고 오른쪽 고리 위에서 아래로 바늘을 넣어 왼쪽 고리 위에서 아래로 통과시킨다*, *~*를 반복한다.

케이블코잡기 Cable cast-on
시작 고리를 만들어 바늘에 건다, 오른손 바늘로 겉뜨기한다. *오른손 바늘에 새로 생긴 코 아래에서 위로 왼손 바늘을 넣어 왼손 바늘로 옮긴다. 왼손 바늘 두 코 사이에 오른손 바늘을 넣어 겉뜨기한다*. *~*를 반복한다.

1코걸러뜨기 Slip 1
다음 코에 안뜨기하듯이 바늘을 넣어 뜨지 않고 오른손 바늘로 옮긴다. 겉면에서 작업하고 있다면, 실을 편물 뒤에 둔다. 안면에서 작업하고 있다면, 실을 편물 앞에 둔다. 다른 언급이 없다면 앞의 설명과 같이 실을 두고 걸러뜨기한다.

1코걸러뜨기하고 바늘비우기 Slip 1 yarn over
실을 편물 앞에 두고 1코걸러뜨기한다. 실을 앞에서 뒤로 바늘에 감는다.

브리오쉬 겉뜨기 Brioche knit
바늘비우기 코와 원래 코를 함께 겉뜨기한다.

브리오쉬 안뜨기 Brioche purl
바늘비우기 코와 원래 코를 함께 안뜨기한다.

코늘림 Make 1 left / Make 1 right
코와 코 사이의 가로줄을 앞에서 뒤로 들어올려 뒷가닥에 넣어 겉뜨기 / 안뜨기한다. (m1l코늘림)
코와 코 사이의 가로줄을 뒤에서 앞으로 들어올려 앞가닥에 넣어 겉뜨기 / 안뜨기한다. (m1r코늘림)

왼코늘림 Left lifted increase
오른손 바늘의 코 2단 아래 V모양 코 왼다리를 왼손 바늘로 들어올려 뒷가닥에 넣어 겉뜨기한다.

왼코줄임 Knit 2 sts together
2코를 함께 겉뜨기한다.

오른코줄임 Slip, slip, knit
겉뜨기하듯이 1코걸러뜨기를 2회 반복한다. 걸러뜨기한 2코를 왼손 바늘로 옮긴다. 그리고 뒷가닥에 바늘을 넣어 2코를 함께 겉뜨기한다.

오른코줄임(안면) Slip, slip, purl
안뜨기하듯이 1코걸러뜨기를 2회 반복한다. 걸러뜨기한 2코를 왼손 바늘로 옮긴다. 그리고 뒷가닥에 바늘을 넣어 2코를 함께 안뜨기한다.

방울뜨기 Nupp
1코에 (겉뜨기 1회, 바늘비우기, 겉뜨기 1회, 바늘비우기, 겉뜨기 1회), 편물 뒤집는다. 안뜨기 5회, 편물 뒤집는다. 왼손 바늘의 첫 번째 코 위로 4코를 덮어씌운다.

랩앤턴 Wrap & turn
되돌아뜨기 기법 중 하나. 다음 코를 뜨지 않고 옮긴다. 실을 편물 앞에 두고 걸러뜨기한 코를 왼손 바늘로 옮긴다. 편물을 뒤집는다. 다음에 이 코를 만나면, 원래 코와 감겨 있는 가닥을 함께 겉뜨기 / 안뜨기한다.

1

MAIJA
마이야 카디건

마이야는 재미있는 기하학적 배색무늬가 있는 긴 카디건입니다.
평뜨기하면서 솔기 없이 위에서 아래로 내려 뜹니다. 긴소매이고 허리에는 약간의 코줄임이 있습니다.
어깨는 되돌아뜨기로 경사를 만듭니다.

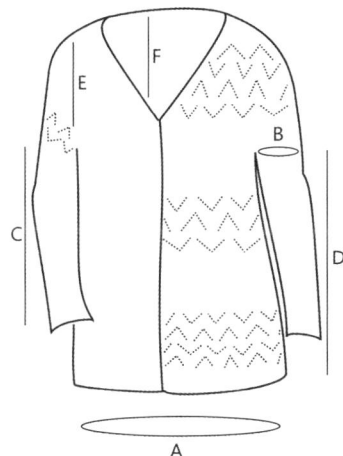

사이즈
XXS-XS-S-M1 [M2-L1-L2-XL] 2XL-3XL-4XL-5XL

이 카디건은 여유분을 주어 디자인했다. 실제 가슴둘레에 약 15cm 여유분을 더한 사이즈를 선택하면 된다.

실
투쿠울Tukuwool의 하카마Hakamaa DK(핀란드 울 100%, 2합, 230m—100g), 혹은 다른 DK 굵기의 실.*

사진 속 작품은 하르마Harmaa(바탕실), 무스타Musta(배색실1), 발코이넨Valkoinen(배색실2) 색상을 사용했다.

바탕실: 5-5-5-6 [6-6-7-7] 8-8-9-10타래
배색실1: 1-1-1-1 [1-2-2-2] 2-2-2-2타래
배색실2: 1타래

실 소요량
바탕실: 975-1020-1060-1180 [1220-1260-1390-1470] 1655-1720-1915-2110m

배색실1: 185-190-200-225 [230-240-260-275] 315-325-360-400m

배색실2: 55-55-60-65 [70-70-80-80] 95-95-105-120m

바늘
100cm 길이 줄바늘 4.5mm, 5.0mm
소매를 뜰 때 장갑바늘을 선호한다면 장갑바늘 5.0mm
정확한 게이지 치수를 얻기 위해 필요하다면 바늘 호수를 조절한다.

게이지
4.5mm 바늘을 사용해서 평뜨기로 메리야스뜨기와 배색뜨기, 16코×22단=10×10cm(블로킹 후)

그 외 준비물
단코표시링 2개, 자투리실(별실), 모사용 코바늘 7호(4.0mm), 돗바늘, 단추 6개(지름 2.5cm).

완성 치수
A. 가슴둘레: 90-95-100-105 [110-115-120-130] 145-150-160-175cm

A. 허리둘레: 85-85-90-95 [100-105-110-120] 135-145-155-165cm

A. 엉덩이둘레: 90-95-100-105 [110-115-125-130] 145-150-160-170cm

B. 위팔둘레: 30-30-30-35 [35-35-40-40] 45-45-50-55cm

C. 소매길이: 41.5-42.5-42.5-43 [43.5-43.5-44-44.5] 45-45.5-47-46cm

D. 진동 중심에서 잰 몸판길이: 60cm

E. 진동길이: 16.5-16.5-16.5-19 [19-19-22-22] 23-23-24.5-27.5cm

F. 앞목파임: 26.5-26.5-26.5-26.5 [26.5-26.5-26.5-26.5] 30-30-30-30cm

* 굵기를 표기할 때 가닥 즉 합수ply 혹은 1인치 안에 돌려 감은 횟수 wpi(wrap per inch)를 기준으로 삼는다. 이에 따르면 레이스는 2합, 라이트핑거링은 3합, 핑거링은 4합-14wpi, 스포트는 5합-12wpi, 더블니트(DK)는 8합-11wpi, 워스티드는 10합-9wpi에 해당한다.

만드는 법

자투리실과 코바늘을 사용해서 별실코잡기로, 4.5mm 바늘에 21-23-24-26 [28-30-32-36] 38-40-42-47코씩 두 세트 만드는데, 두 세트 사이의 실은 자른다.

세팅 단(겉면): 바탕실을 사용해서 첫 번째 세트 코를 겉뜨기한다, 감아코잡기로 30-30-32-32 [32-32-32-32] 36-36-36-38코 만든다, 두 번째 세트 코를 겉뜨기한다. (총 72-76-80-84 [88-92-96-104] 112-116-120-132코)

세팅 단(안면): 단 끝까지 안뜨기한다.

뒤판

이제 되돌아뜨기로 어깨 경사를 만들 것이다.

1단(겉면): 겉뜨기54-56-59-61 [64-66-68-73] 79-81-84-91, 랩앤턴.

2단(안면): 안뜨기36-36-38-38 [40-40-40-42] 46-46-48-50, 랩앤턴.

3단: 되돌아뜨기 코를 만날 때까지 겉뜨기한다, 되돌아뜨기 코를 감긴 가닥과 함께 겉뜨기한다, 겉뜨기2-2-2-2 [3-3-3-4] 4-4-5-5, 랩앤턴.

4단: 되돌아뜨기 코를 만날 때까지 안뜨기한다, 되돌아뜨기 코를 감긴 가닥과 함께 안뜨기한다, 안뜨기2-2-2-2 [3-3-3-4] 4-4-5-5, 랩앤턴.

3~4단을 4회 더 반복한다.

13단(겉면): 되돌아뜨기 코를 만날 때까지 겉뜨기한다, 되돌아뜨기 코를 감긴 가닥과 함께 겉뜨기한다, 단 끝까지 겉뜨기한다.

14단(안면): 되돌아뜨기 코를 만날 때까지 안뜨기한다, 되돌아뜨기 코를 감긴 가닥과 함께 안뜨기한다, 단 끝까지 안뜨기한다.

배색실1을 연결해서 상단 무늬로 뜨는데 무늬 도안의 5-7-1-3 [5-7-1-5] 5-7-5-3번째 코에서 시작한다 (안면 단에서는 무늬 도안의 4-2-8-6 [4-2-8-4] 4-2-4-6번째 코에서 시작한다.)

배색실1을 자르고, 계속해서 바탕실을 사용해 뒤판 편물이 진동 중심에서 재서 16.5-16.5-16.5-19 [19-19-22-22] 23-23-24.5-27.5cm가 될 때까지 메리야스뜨기(겉면 단에서 겉뜨기하고, 안면 단에서 안뜨기한다)로 진행하는데, 마지막으로 뜨는 단이 안면 단이 되도록 끝낸다. 실을 자르고 뒤판 코를 안전핀에 옮겨 쉼코로 둔다.

오른쪽 앞판

이제 오른쪽 앞판 코를 주워 되돌아뜨기로 어깨 경사를 만들고 동시에 단 끝에서 네크라인 코늘림을 시작할 것이다.

별실코잡기 실을 조심해서 풀어내, 4.5mm 바늘에 21-23-24-26 [28-30-32-36] 38-40-42-47코를 줍는다.

1단(안면): 바탕실을 사용해서 단 끝까지 안뜨기한다.

2단(겉면): 단 끝까지 겉뜨기한다.

3단: 안뜨기3-3-3-3 [4-4-4-5] 5-5-6-6, 랩앤턴.

4단: 왼손 바늘에 1코 남을 때까지 겉뜨기한다, m1r코늘림, 겉뜨기1. (1코 늘어남)

5단: 되돌아뜨기 코를 만날 때까지 안뜨기한다, 되돌아뜨기 코를 감긴 가닥과 함께 안뜨기한다, 안뜨기2-2-2-2 [3-3-3-4] 4-4-5-5, 랩앤턴.

6단: 단 끝까지 겉뜨기한다.

7단: 5단과 동일하게 뜬다.

4~7단을 1회 더 반복한다. (총 23-25-26-28 [30-32-34-38] 40-42-44-49코)

12단(겉면): 4단과 동일하게 뜬다. (총 24-26-27-29 [31-33-35-39] 41-43-45-50코)

13단(안면): 5단과 동일하게 뜬다.

14단: 단 끝까지 겉뜨기한다.

15단: 되돌아뜨기 코를 만날 때까지 안뜨기한다, 되돌아뜨기 코를 감긴 가닥과 함께 안뜨기한다, 단 끝까지 안뜨기한다.

배색실1을 연결해서 상단 무늬로 뜨는데, 무늬 도안의 5-5-6-6 [6-6-6-6] 8-8-8-1번째 코에서 시작한다. 동시에 4번째 단마다 네크라인 코늘림을 11-11-10-10 [10-10-10-10] 12-12-12-11회 더 반복한다. 늘어난 코는 상단 무늬에 포함시켜가며 진행한다. 4번째 단마다 코늘림을 끝내면, 2번째 단마다 코늘림을 1-1-3-3 [3-3-3-3] 3-3-3-5회 반복한다. (총 36-38-40-42 [44-46-48-52] 56-58-60-66코)

상단 무늬를 완성하면 배색실1을 자르고, 계속해서 바탕실을 사용해 오른쪽 앞판 편물이 진동 중심에서 재서 16.5-16.5-16.5-19 [19-19-22-22] 23-23-24.5-27.5cm가 될 때까지 메리야스뜨기로 진행하는데, 마지막으로 뜨는 단이 안면 단이 되도록 끝낸다.

실을 자르고 오른쪽 앞판 코를 안전핀에 옮겨 쉼코로 둔다. 몇몇 사이즈에서는 아직 몇 번의 네크라인 코늘림이 남아 있음을 주의한다.

왼쪽 앞판

이제 왼쪽 앞판 코를 주워 되돌아뜨기로 어깨 경사를 만들고, 동시에 단 시작에서 네크라인 코늘림을 시작할 것이다.

별실코잡기 실을 조심해서 풀어내 4.5mm 바늘에 21-23-24-26 [28-30-32-36] 38-40-42-47코를 줍는다.

1단(겉면): 바탕실을 사용해서, 단 끝까지 겉뜨기한다.

2단(안면): 단 끝까지 안뜨기한다.

3단: 겉뜨기3-3-3-3 [4-4-4-5] 5-5-6-6, 랩앤턴.

4단: 단 끝까지 안뜨기한다.

5단: 겉뜨기1, m1코늘림, 되돌아뜨기 코를 만날 때까지 겉뜨기한다, 되돌아뜨기 코를 감긴 가닥과 함께 겉뜨기한다, 겉뜨기2-2-2-2 [3-3-3-4] 4-4-5-5, 랩앤턴. (1코 늘어남)

6단: 4단과 동일하게 뜬다.

7단: 되돌아뜨기 코를 만날 때까지 겉뜨기한다, 되돌아뜨기 코를 감긴 가닥과 함께 겉뜨기한다, 겉뜨기2-2-2-2 [3-3-3-4] 4-4-5-5, 랩앤턴.

4~7단을 1회 더 반복한다. (총 23-25-26-28 [30-32-34-38] 40-42-44-49코)

12단(안면): 4단과 동일하게 뜬다.

13단(겉면): 5단과 동일하게 뜬다. (총 24-26-27-29 [31-33-35-39] 41-43-45-50코)

14단: 4단과 동일하게 뜬다.

15단: 되돌아뜨기 코를 만날 때까지 겉뜨기한다, 되돌아뜨기 코를 감긴 가닥과 함께 겉뜨기한다, 단 끝까지 겉뜨기한다.

16단: 단 끝까지 안뜨기한다.

배색실1을 연결해서 상단 무늬를 뜨는데, 무늬 도안의 5-3-1-7 [5-3-1-5] 1-7-5-5번째 코에서 시작한다. (안면 단에서는 무늬 도안의 4-6-8-2 [4-6-8-4] 4-6-4-2번째 코에서 시작한다.) 동시에, 4번째 단마다 네크라인 코늘림을 11-11-10-10 [10-10-10-10] 12-12-12-11회 더 반복한다. 늘어난 코는 상단 무늬에 포함시켜가며 진행한다. 4번째 단마다 코늘림을 끝내면, 2번째 단마다 코늘림을 1-1-3-3 [3-3-3-3] 3-3-3-5회 반복한다. (총 36-38-40-42 [44-46-48-52] 56-58-60-66코)

상단 무늬를 완성하면 배색실1을 자르고, 계속해서 바탕실을 사용해 왼쪽 앞판 편물이 진동 중심에서 재서 16.5-16.5-16.5-19 [19-19-22-22] 23-23-24.5-27.5cm가 될 때까지 메리야스뜨기로 진행하는데, 마지막으로 뜨는 단이 안면 단이 되도록 끝낸다. 실을 자르지 않는다. 몇몇 사이즈에서는 아직 몇 번의 네크라인 코늘림이 남아 있음을 주의한다.

몸판

이제 앞판과 뒤판을 하나의 편물로 연결할 것이다. 몇몇 사이즈에서는 아직 몇 번의 네크라인 코늘림이 남아 있음을 주의한다. 몸판을 뜨는 동안 앞에서 설명한 것과 동일한 방법으로 남은 코늘림을 진행한다.

세팅 단(겉면): 바탕실을 사용해 *왼쪽 앞판 코를 겉뜨기하고, 감아코잡기로 0-0-0-0 [0-0-0-0] 2-2-4-4코 만든다, 단코표시링을 건다, 감아코잡기로 0-0-0-0 [0-0-0-0] 2-2-4-4코 만든다*, 뒤판 코를 바늘에 옮겨 겉뜨기한다, *~*를 1회 더 반복하고, 오른쪽 앞판 코를 바늘에 옮겨 겉뜨기한다. 몸판을 연결하고 네크라인 코늘림을 모두 완성하면 총 144-152-160-168 [176-184-192-208] 232-240-256-280코가 된다.

세팅 단(안면): 단코표시링을 만나면 오른손 바늘로 옮겨가며, 단 끝까지 안뜨기한다.

메리야스뜨기로 16-8-6-6 [6-6-6-6] 6-12-12-6단 뜬다.

코줄임 단(겉면): *단코표시링 4코 전까지 겉뜨기한다, 오른코줄임, 겉뜨기2, 단코표시링 옮긴다, 겉뜨기2, 왼코줄임*, *~*를 1회 더 반복하고, 단 끝까지 겉뜨기한다. (4코 줄어듦)

앞의 코줄임 단을 16-8-6-6 [6-6-6-6] 6-12-12-6번째 단마다 1-3-3-3 [3-3-3-3] 3-1-1-3회 더 반복한다. (총 136-136-144-152 [160-168-176-192] 216-232-248-264코)

다음 겉면 단에서, 배색실2를 연결해 허리 무늬를 뜬다. 배색실2를 자른다.

코늘림 단(겉면): 바탕실을 사용해서 *단코표시링 2코 전까지 겉뜨기한다, m1r코늘림, 겉뜨기2, 단코표시링 옮긴다, 겉뜨기2, m1l코늘림*, *~*를 1회 더 반복하고, 단 끝까지 겉뜨기한다. (4코 늘어남)

앞의 코늘림 단을 12-6-6-6 [6-6-4-6] 8-16-16-16번째 단마다 1-3-3-3 [3-3-5-3] 3-1-1-1회 더 반복한다. (총 144-152-160-168 [176-184-200-208] 232-240-256-272코)

단코표시링을 제거하고 몸판 편물이 진동 중심에서 재서 38cm가 될 때까지 혹은 원하는 길이에서 22cm 모자랄 때까지 메리야스뜨기로 코줄임이나 코늘림 없이 평단으로 진행한다.

다음 겉면 단에서, 배색실1을 연결해 상단 무늬를 뜬다. 배색실1을 자른다.

다음 단(겉면): 겉뜨기1, (안뜨기2, 겉뜨기2)를 왼손 바늘에 3코 남을 때까지 반복한다, 안뜨기2, 겉뜨기1.

다음 단(안면): 안뜨기1, (겉뜨기2, 안뜨기2)를 왼손 바늘에 3코 남을 때까지 반복한다, 겉뜨기2, 안뜨기1.

이 고무뜨기로 10단 더 뜬다. 고무뜨기하면서 코막음한다.

소매

세팅 단(겉면): 5mm 바늘과 바탕실을 사용해서, 진동 중심에서 시작해 진동 둘레를 따라서 48-48-48-56 [56-56-64-64] 72-72-80-88코 줍는다, 단코표시링을 걸어 단 시작을 표시하고 원통으로 잇는다.

배색실1을 연결해서 소매 무늬를 뜬다. 배색실1을 자른다.

4.5mm 바늘로 바꾼다.

코줄임 단: 바탕실을 사용해서 겉뜨기1, 왼코줄임, 왼손 바늘에 3코 남을 때까지 겉뜨기한다, 오른코줄임, 겉뜨기1. (2코 줄어듦)

앞의 코줄임 단을 5-7-7-5 [5-5-4-4] 4-4-3-3번째 단마다 9-7-7-11 [11-11-13-13] 15-15-19-21회 더 반복한다. (총 28-32-32-32 [32-32-36-36] 40-40-40-44코)

계속해서 소매 편물이 진동 중심에서 재서 34-35-35-35.5 [36-36-36.5-37] 37.5-38-39.5-38.5cm가 될 때까지 혹은 원하는 길이에서 7.5cm 모자랄 때까지 메리야스뜨기한다.

다음 단: (겉뜨기2, 안뜨기2)를 단 끝까지 반복한다.

앞의 고무뜨기로 15단 더 뜬다. 단코표시링을 제거하고 고무뜨기하면서 코막음한다.

넥밴드

세팅 단(겉면): 편물의 겉면이 보이는 상태에서 4.5mm 바늘과 바탕실을 사용해, 오른쪽 앞판 아래쪽에서 시작해서 왼쪽 앞판 아래쪽에서 끝내며, 앞판과 뒷목을 따라서 272-272-276-284 [284-284-292-292] 296-296-296-304코 줍는다. (앞판 가장자리에서는 3단마다 약 2코 줍고 뒷목에서는 1코마다 1코씩 줍는다)

1단(안면): 1코걸러뜨기, (겉뜨기2, 안뜨기2)를 왼손 바늘에 3코 남을 때까지 반복한다, 겉뜨기2, 안뜨기1.

2단: 1코걸러뜨기, (안뜨기2, 겉뜨기2)를 왼손 바늘에 3코 남을 때까지 반복한다, 안뜨기2, 겉뜨기1.

3단: 1단과 동일하게 뜬다.

4단(단춧구멍): 1코걸러뜨기, 고무뜨기로 5-5-5-5 [5-5-4-4] 4-4-4-6코 뜬다, 3코 코막음한다, *고무뜨기로 11-11-11-12 [12-12-13-13] 12-12-12-12코 뜬다, 3코 코막음한다*, *~*를 4회 더 반복한다, 단 끝까지 고무뜨기한다.

5단(단춧구멍): 1코걸러뜨기, *코막음한 단춧구멍을 만날 때까지 고무뜨기한다, 케이블코잡기로 3코 만든다*, *~*를 5회 더 반복한다, 단 끝까지 고무뜨기한다.

2~3단을 3회 더 반복한다. 고무뜨기하면서 코막음한다.

상단 무늬

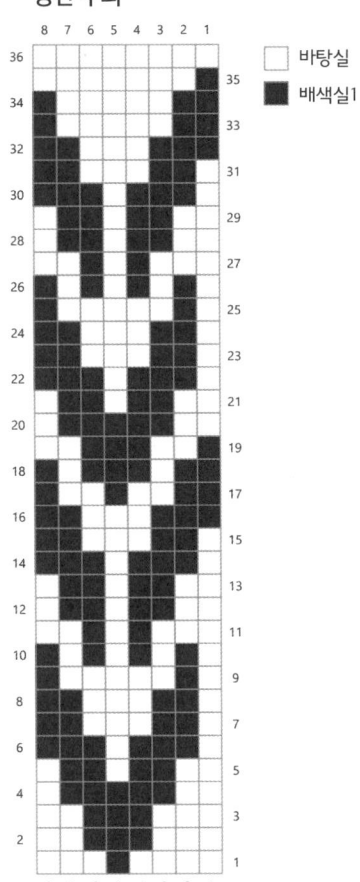

허리 무늬

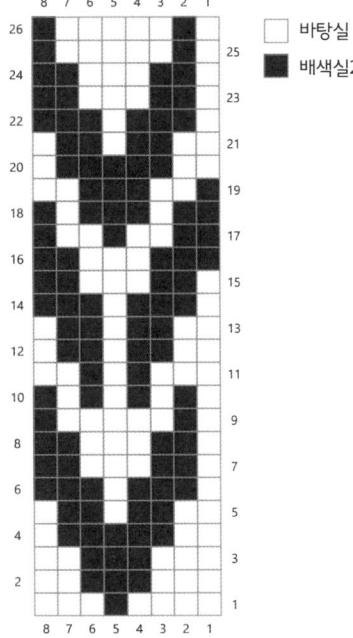

소매 무늬

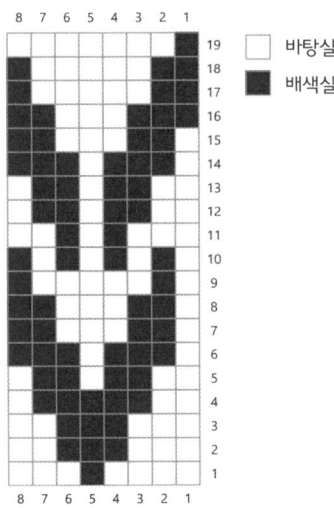

2

REED
리드 스웨터

리드 스웨터는 솔기 없이 위에서 아래로 내려 뜹니다.
둥근 요크에는 사랑스러운 무늬가 있고 스웨터 몸판은 심플한 배색이 조화롭습니다.
이 스웨터는 긴소매이고 밑단은 짧습니다.

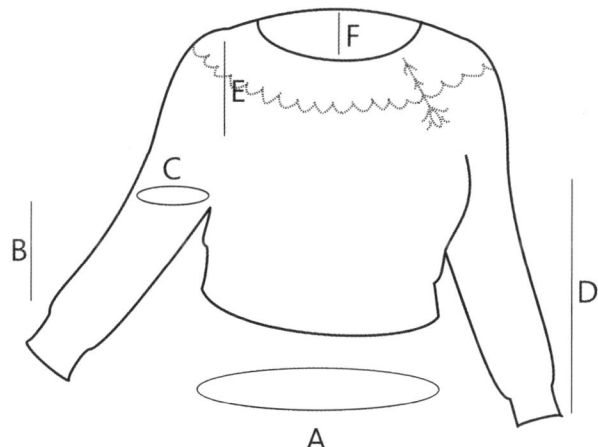

사이즈
XXS-XS-S-M1 [M2-L1-L2-XL] 2XL-3XL-4XL-5XL
이 스웨터는 여유분을 주어 디자인했다. 실제 가슴둘레에 약 12cm 여유분을 더한 사이즈를 선택하면 된다.

실
마노스 델 우루과이Manos del Uruguay의 알파카 헤더Alpaca Heather(울 70%, 알파카 30%, 150m—50g), 혹은 다른 스포트 굵기의 실.
사진 속 작품은 H703 그레이Grey(바탕실), H2222 허니콤Honeycomb(배색실1), H2540 콜Kohl(배색실2) 색상을 사용했다.
바탕실: 3-3-3-3 [3-3-3-4] 4-4-5-5타래 (1타래 100g)
배색실1: 1-1-1-1 [1-1-1-1] 2-2-2-2타래 (1타래 50g)
배색실2: 2-2-2-2 [2-2-2-3] 3-3-4-4타래 (1타래 50g)

실 소요량
바탕실: 660-715-750-765 [825-860-900-990] 1105-1150-1275-1375m
배색실1: 105-115-120-120 [130-130-135-140] 190-190-205-215m
배색실2: 245-260-275-275 [290-290-300-325] 415-420-455-480m

바늘
100cm 길이 줄바늘 3.75mm, 4.0mm
소매를 뜰 때 장갑바늘을 선호한다면 장갑바늘 4.0mm
정확한 게이지 치수를 얻기 위해 필요하다면 바늘 호수를 조절한다.

게이지
4.0mm 바늘을 사용해서 원통뜨기로 배색뜨기, 21코×28단=10×10cm(블로킹 후)

그 외 필요한 재료
단코표시링 4개, 돗바늘

완성 치수
A. 가슴둘레: 90-94.5-98.5-103 [107-115.5-120-133] 141.5-150-158.5-171.5cm
A. 허리둘레: 60-63-67-73 [77-81.5-87-97] 110-120-130-138.5cm
C. 위팔둘레: 28.5-29.5-30.5-31.5 [34.5-35-37-39] 43-45-50.5-53.5cm
D. 소매길이: 44.5-45.5-45.5-45.5 [46.5-46.5-47.5-47.5] 47.5-47.5-47.5-47.5cm
B. 진동 중심에서 잰 몸판길이: 28-28-27.5-27.5 [27-26.5-25.5-25.5] 25.5-25.5-25.5-25.5cm
E. 진동길이: 18.5-19.5-20-20 [20.5-21.5-22-23.5] 25-25.5-26.5-28cm
F. 앞목파임: 5cm

만드는 법

배색실1과 4.0mm 바늘을 사용해서, 96-96-102-102 [99-99-102-108] 108-108-108-108코 만든다, 단코표시링을 걸어 단 시작을 표시하고 원통으로 잇는다.

다음 단(겉면): (배색실2를 사용해서 안뜨기1, 배색실1을 사용해서 겉뜨기2)를 단 끝까지 반복한다.

이 고무뜨기로 3-5-7-7 [8-8-8-8] 8-8-8-8단 더 뜬다.

다음 단: 배색실1을 사용해서 단 끝까지 겉뜨기한다.

다음 단(XXS [M2-L1-L2-XL] 2XL-3XL-4XL-5XL 사이즈만 해당):
겉뜨기4 [11-11-8-9] 4-4-3-2, 왼코늘림, 겉뜨기4 [11-11-9-9] 5-5-3-3, 왼코늘림, *~*를 왼손 바늘에 0 [0-0-0-0] 0-0-0-3코 남을 때까지 반복한다, 단 끝까지 겉뜨기한다. (총 120 [108-108-114-120] 132-132-144-150코)

다음 단: 배색실1을 사용해서 단 끝까지 겉뜨기한다.

요크

각 단마다 무늬 도안을 15-16-17-17 [18-18-19-20] 22-22-24-25회 반복하며 요크 무늬를 뜬다. 사이즈에 따라 요크 무늬가 다름을 주의한다. (총 270-288-306-306 [324-324-342-360] 396-396-432-450코)

요크 무늬를 완성하면 배색실1을 자르고, 다음과 같이 단코표시링을 걸어 표시하고 되돌아뜨기로 경사를 만든다. 첫 번째 되돌아뜨기는 소매에서 이뤄지고 마지막 되돌아뜨기는 앞판에서 이뤄진다.

세팅 단(겉면): 바탕실을 사용해서 겉뜨기43-45-48-49 [51-52-55-59] 64-65-69-74(뒤판), 단코표시링 건다, 겉뜨기50-54-57-55 [60-58-61-62] 70-68-78-78(오른쪽 소매), 단코표시링 건다, 겉뜨기85-90-96-98 [102-104-110-118] 128-130-138-147(앞판), 단코표시링 건다, 겉뜨기50-54-57-55 [60-58-61-62] 70-68-78-78(왼쪽 소매), 단코표시링 건다, 단 끝까지 겉뜨기한다. 단코표시링 제거한다, 다음 단코표시링을 만날 때까지 겉뜨기한다. 이제 단 시작은 뒤판과 오른쪽 소매 사이에 있다.

1단(겉면): 단코표시링 10코 전까지 겉뜨기한다, 랩앤턴.

2단(안면): *단코표시링을 만날 때까지 안뜨기한다, 단코표시링 옮긴다*, *~*를 1회 더 반복하고, 단코표시링 10코 전까지 안뜨기한다, 랩앤턴.

3단: 단코표시링을 옮겨가며 되돌아뜨기 코를 만날 때까지 겉뜨기한다, 되돌아뜨기 코를 감긴 가닥과 함께 겉뜨기한다, 겉뜨기4, 랩앤턴.

4단: 단코표시링을 옮겨가며 되돌아뜨기 코를 만날 때까지 안뜨기한다, 되돌아뜨기 코를 감긴 가닥과 함께 안뜨기한다, 안뜨기4, 랩앤턴.

3~4단을 2회 더 반복한다.

9단: 단코표시링을 옮겨가며 되돌아뜨기 코를 만날 때까지 겉뜨기한다, 되돌아뜨기 코를 감긴 가닥과 함께 겉뜨기한다, 겉뜨기8, 랩앤턴.

10단: 단코표시링을 옮겨가며 되돌아뜨기 코를 만날 때까지 안뜨기한다, 되돌아뜨기 코를 감긴 가닥과 함께 안뜨기한다, 안뜨기8, 랩앤턴.

9~10단을 1회 더 반복한다.

다음 단(겉면): *단코표시링을 옮겨가며 되돌아뜨기 코를 만날 때까지 겉뜨기한다, 되돌아뜨기 코를 감긴 가닥과 함께 겉뜨기한다*, *~*를 1회 더 반복한다, 단 끝까지 겉뜨기한다.

계속해서 요크 편물이 앞판 넥밴드 꼭대기에서 재서 18.5-19.5-20-20 [20.5-21.5-22-23.5] 25-25.5-26.5-28cm가 될 때까지 메리야스 뜨기한다.

몸판

세팅 단(겉면): 단코표시링 제거한다, 다음 50-54-57-55 [60-58-61-62] 70-68-78-78코를 안전핀에 옮겨 쉼코로 둔다, 감아코잡기로 4-5-3-5 [5-9-8-11] 10-14-14-16코 만든다, 단코표시링 건다, 감아코잡기로 5-4-4-5 [5-9-8-11] 11-14-15-16코 만든다, 단코표시링 제거한다, 단코표시링까지 겉뜨기한다, 단코표시링 제거한다, 다음 50-54-57-55 [60-58-61-62] 70-68-78-78코를 안전핀에 옮겨 쉼코로 둔다, 감아코잡기로 5-5-4-5 [6-9-8-11] 10-14-14-17코 만든다, 단코표시링 건다, 감아코잡기로 5-4-4-5 [5-8-8-10] 10-13-14-17코 만든다, 단코표시링 제거한다, 단코표시링까지 겉뜨기한다. 단 시작은 이제 오른쪽 진동 중심에 있다.

이제 총 189-198-207-216 [225-243-252-279] 297-315-333-360코 있다. 앞판 95-99-104-108 [113-122-126-140] 149-158-167-180코, 뒤판 94-99-103-108 [112-121-126-139] 148-157-166-180코.

원한다면 여기서 가슴 다트를 넣어도 좋다. 컵 사이즈에 따라 가슴에서 가장 높은 곳(가장 넓은 부분)에서 다트를 넣는다. 이 지점이 가장 높은 곳이 아니라면, 몸판을 좀 더 진행하다가 가슴 다트를 넣어도 좋다. 34쪽 몸판 무늬 도안을 참고한다. 안면 단에서 사용하지 않는 배색실이 뒤(편물의 겉면)로 지나가지 않게, 가슴 다트 단 끝마다 배색실2를 자르는 것이 쉬울 수도 있다. 가슴 다트를 넣지 않는다면, 이 과정을 건너뛰고, 바로 '가슴 다트를 뜬 후' 부분으로 간다.

C/D컵 가슴 다트

1단(겉면): 바탕실을 사용해서 겉뜨기12-12-13-14 [14-16-16-18] 19-20-21-23, 왼쪽 옆선 단코표시링 12-12-13-14 [14-16-16-18] 19-20-21-23코 전까지 몸판 무늬로 뜬다, 랩앤턴.

2단(안면): 오른쪽 옆선 단코표시링 12-12-13-14 [14-16-16-18] 19-20-21-23코 전까지 몸판 무늬로 뜬다, 랩앤턴.

3단: 마지막 되돌아뜨기 6-6-6-6 [7-8-8-8] 9-10-10-11코 전까지 몸판 무늬로 뜬다, 랩앤턴.

4단: 마지막 되돌아뜨기 6-6-6-6 [7-8-8-8] 9-10-10-11코 전까지 몸판 무늬로 뜬다, 랩앤턴.

3~4단을 1회 더 반복한다.

7단(겉면): *되돌아뜨기 코를 만날 때까지 몸판 무늬로 뜨고, 되돌아뜨기 코를 감긴 가닥과 함께 겉뜨기한다*, *~*를 2회 더 반복한다, 단 끝까지 몸판 무늬로 뜨고 계속해서 원통뜨기한다.

8단(겉면): 남은 되돌아뜨기 코를 감긴 가닥과 함께 겉뜨기하면서, 단 끝까지 몸판 무늬로 뜬다.

E/F컵 가슴 다트

1단(겉면): 바탕실을 사용해서 겉뜨기12-12-13-14 [14-16-16-18] 19-20-21-23, 왼쪽 옆선 단코표시링 12-12-13-14 [14-16-16-18] 19-20-21-23코 전까지 몸판 무늬로 뜬다, 랩앤턴.

2단(안면): 오른쪽 옆선 단코표시링 12-12-13-14 [14-16-16-18] 19-20-21-23코 전까지 몸판 무늬로 뜬다, 랩앤턴.

3단: 마지막 되돌아뜨기 2-2-2-2 [2-2-3-3] 3-3-4-4코 전까지 몸판 무늬로 뜬다, 랩앤턴.

4단: 마지막 되돌아뜨기 2-2-2-2 [2-2-3-3] 3-3-4-4코 전까지 몸판 무늬로 뜬다, 랩앤턴.

3~4단을 5회 더 반복한다.

15단(겉면): *되돌아뜨기 코를 만날 때까지 몸판 무늬로 뜨고, 되돌아뜨기 코를 감긴 가닥과 함께 겉뜨기한다*, *~*를 6회 더 반복한다, 단 끝까지 몸판 무늬로 뜨고 계속해서 원통뜨기한다.

16단(겉면): 남은 되돌아뜨기 코를 만나면 감긴 가닥과 함께 겉뜨기하면서, 단 끝까지 몸판 무늬로 뜬다.

G/H컵 가슴 다트

1단(겉면): 바탕실을 사용해서 겉뜨기12-12-13-14 [14-16-16-18] 19-20-21-23, 왼쪽 옆선 단코표시링 12-12-13-14 [14-16-16-18] 19-20-21-23코 전까지 몸판 무늬로 뜬다, 랩앤턴.

2단(안면): 오른쪽 옆선 단코표시링 12-12-13-14 [14-16-16-18] 19-20-21-23코 전까지 몸판 무늬로 뜬다, 랩앤턴.

3단: 마지막 되돌아뜨기 1-1-1-1 [1-2-2-2] 2-2-2-2코 전까지 몸판 무늬로 뜬다, 랩앤턴.

4단: 마지막 되돌아뜨기 1-1-1-1 [1-2-2-2] 2-2-2-2코 전까지 몸판 무늬로 뜬다, 랩앤턴.

3~4단을 9회 더 반복한다.

23단(겉면): *되돌아뜨기 코를 만날 때까지 몸판 무늬로 뜨고, 되돌아뜨기 코를 감긴 가닥과 함께 겉뜨기한다*, *~*를 10회 더 반복한다, 단 끝까지 몸판 무늬로 뜨고 계속해서 원통뜨기한다.

24단(겉면): 남은 되돌아뜨기 코를 만나면 감긴 가닥과 함께 겉뜨기하면서, 단 끝까지 몸판 무늬로 뜬다.

가슴 다트를 뜬 후

요크 편물이 진동 중심에서 재서 20.5-20.5-20-20 [19.5-19-18-18] 18-18-18-18cm가 될 때까지 혹은 원하는 길이에서 7.5cm 모자랄 때까지 몸판 무늬로 계속 뜬다. 반드시 무늬 1단 혹은 5단을 뜬 후 끝내도록 한다. 배색실2를 자른다.

다음 단(겉면): 바탕실을 사용해서 겉뜨기7-0-3-8 [1-7-4-4] 1-8-2-6, *왼코줄임, 겉뜨기1-1-1-1 [2-1-2-2] 3-3-4-3, 왼코줄임, 겉뜨기0-1-1-1 [1-1-1-1] 2-2-3-3*, *~*를 단코표시링 8-3-5-10 [0-7-3-3] 4-6-0-4코 전까지 반복한다, 왼코줄임을 0-1-1-1 [0-0-0-0] 1-0-0-0회 반복한다, 단코표시링까지 겉뜨기한다, 단코표시링 제거한다, 겉뜨기1-0-2-6 [2-7-2-5] 9-2-1-4, **왼코줄임, 겉뜨기1-1-1-1 [2-1-2-2] 2-3-4-3, 왼코줄임, 겉뜨기1-1-1-1 [1-1-1-1] 2-3-3-3**, **~**를 단코표시링 3-3-5-6 [5-6-5-8] 11-5-0-6코 전까지 반복한다, 왼코줄임을 1-1-1-0 [1-0-1-1] 1-1-0-1회 반복한다, 단 끝까지 겉뜨기한다. (총 126-132-141-153 [162-171-183-204] 231-252-273-291코)

3.75mm 바늘로 바꾼다.

다음 단(겉면): (안뜨기1, 꼬아뜨기로 겉뜨기1, 겉뜨기1)를 단 끝까지 반복한다.

이 고무뜨기로 19단 더 뜬다. 고무뜨기하면서 코막음한다.

원한다면, 뒤판 되돌아뜨기하는 동안 사라진 몸판 무늬를 덧수로 놓아도 좋다.

소매

쉼코로 두었던 소매 코를 다시 4.0mm 바늘에 옮긴다.

세팅 단(겉면): 바탕실을 사용해 진동 중심에서 시작해서, 5-4-4-6 [6-8-8-10] 10-13-14-17코 줍는다, 소매 코를 겉뜨기한다, 진동에서 5-4-3-5 [6-8-9-10] 10-13-14-17코 줍는다, 단코표시링 걸어 단 시작을 표시하고 원통으로 잇는다. (총 60-62-64-66 [72-74-78-82] 90-94-106-112코)

배색실2를 연결해서 몸판 무늬로 12-11-9-13 [8-7-6-5] 5-4-3-2단 뜬다.

코줄임 단: 겉뜨기1, 왼코줄임, 왼손 바늘에 3코 남을 때까지 몸판 무늬로 뜬다, 오른코줄임, 겉뜨기1. (2코 줄어듦)

코줄임 단을 13-12-10-14 [9-8-7-6] 6-5-4-3번째 단마다 5-6-7-5 [8-9-11-13] 14-16-19-22회 더 반복한다. (총 48-48-48-54 [54-54-54-54] 60-60-66-66코)

계속해서 소매 편물이 진동 중심에서 재서 39-40-40-40 [41-41-42-42] 42-42-42-42cm가 될 때까지 혹은 원하는 길이에서 5.5cm 모자랄 때까지 코줄임 없이 평단으로 진행한다. 반드시 무늬 3, 4, 7, 8단 중 하나를 뜬 후 끝내도록 한다. 배색실2를 자른다.

코줄임 단: 바탕실을 사용해서, *겉뜨기2-2-2-2 [2-2-2-2] 3-3-3-3, 왼코줄임, 겉뜨기2-2-2-3 [3-3-3-3] 3-3-4-4, 왼코줄임*, *~*를 단 끝까지 반복한다. (총 36-36-36-42 [42-42-42-42] 48-48-54-54코)

3.75mm 바늘로 바꾼다.

다음 단: (안뜨기1, 꼬아뜨기로 겉뜨기1, 겉뜨기1)를 단 끝까지 반복한다.

이 고무뜨기로 15단 더 뜬다. 고무뜨기하면서 코막음한다.

몸판 무늬

몸판 무늬는 4번째 단마다 배색하는데 항상 배색실2 코 위치를 바꾼다. 현재 뜨는 단의 배색실2 코는 이전 단 배색실2의 2코 가운데 오도록 디자인했다.

소매 코줄임으로 콧수가 바뀌기 때문에 몸판 무늬가 항상 무늬 도안 1번 코에서 시작하지는 않을 것이다.

요크 무늬, XXS-XS-S-M1 [M2-L1-L2-XL] 사이즈

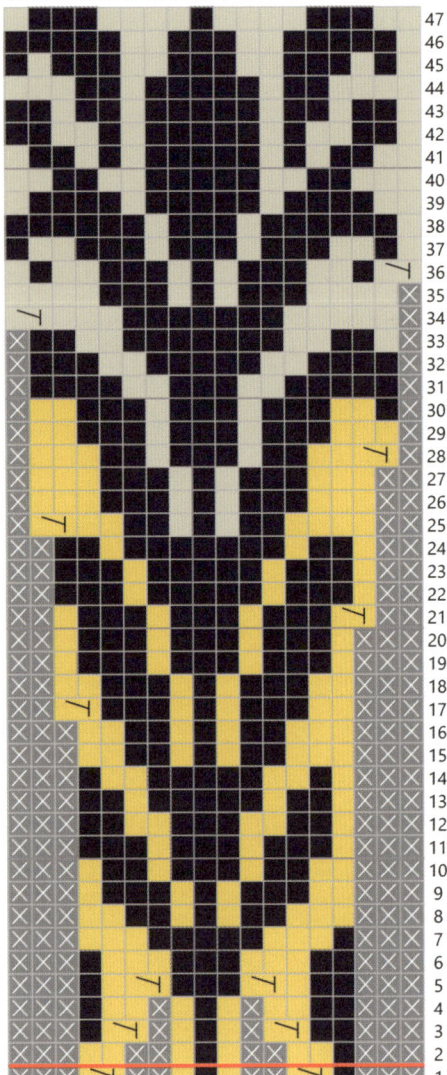

요크 무늬, 2XL-3XL-4XL-5XL 사이즈

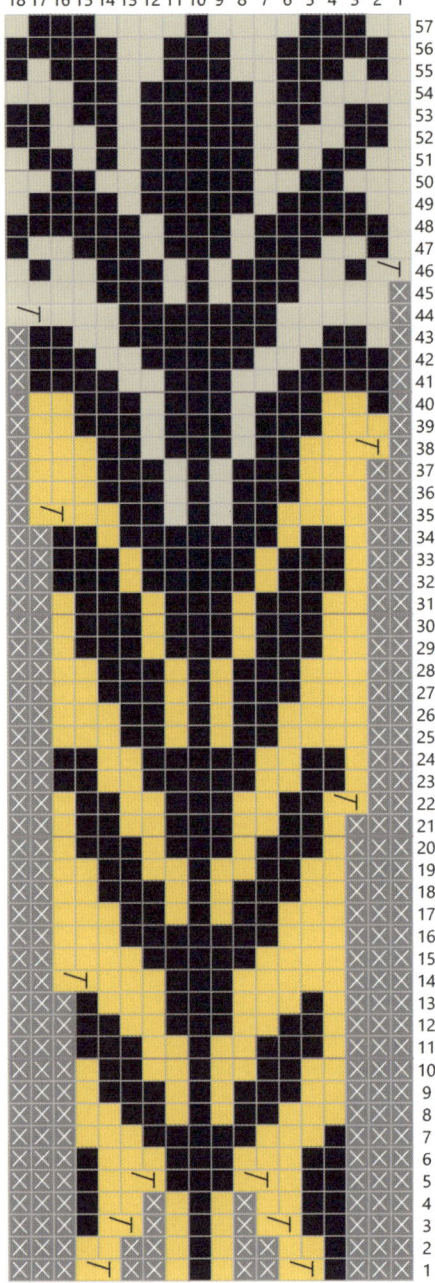

몸판 무늬

기호	설명
⌐	겉뜨기1, 왼코늘림
(바탕색)	바탕실
(노랑)	배색실1
(검정)	배색실2
─	XXS 사이즈는 2단에서 시작하고, 다른 사이즈는 1단에서 시작한다
✕	코 없음

3

JOJO
조조 카디건

조조는 평뜨기로 위에서 아래로 내려 뜨는, 유행을 타지 않는 카디건입니다.
래글런 소매와 V넥, 몸판과 소매의 배색무늬가 특징입니다.
마지막에 앞여밈단을 떠서 카디건을 마무리합니다.

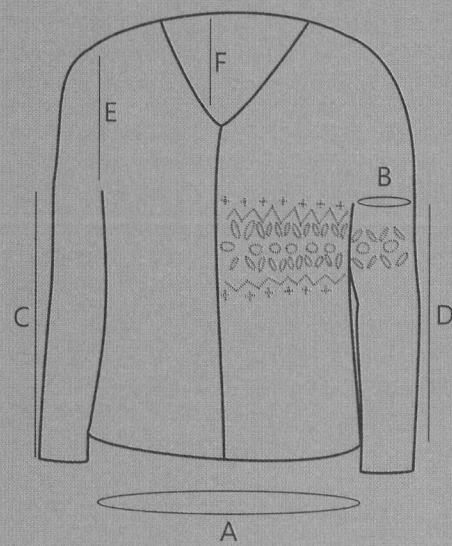

사이즈
XXS-XS-S-M1 [M2-L1-L2-XL] 2XL-3XL-4XL-5XL
이 스웨터는 여유분을 주어 디자인했다. 실제 가슴둘레에 약 5cm 여유분을 더한 사이즈를 선택하면 된다.

실
헤지호그 파이버스Hedgehog Fibres의 메리노Merino DK(슈퍼워시 메리노울 100%, 200m—115g), 혹은 다른 DK 굵기 실.
사진 속 작품은 컨스트럭트Construct(바탕실)와 그래파이트Graphite(배색실) 색상을 사용했다.
바탕실: 5-5-5-5 [6-6-6-6] 7-7-8-8타래
배색실: 1타래

실 소요량
바탕실: 830-855-925-960 [1050-1095-1135-1180] 1300-1395-1480-1565m
배색실: 135-140-145-150 [150-155-160-165] 170-180-190-200m

바늘
100cm 길이 줄바늘 4.0mm
소매를 뜰 때 장갑바늘을 선호한다면 장갑바늘 4.0mm
정확한 게이지 치수를 얻기 위해 필요하다면 바늘 호수를 조절한다.

게이지
평뜨기로 메리야스뜨기, 19코×25단=10×10cm(블로킹 후)
평뜨기로 배색뜨기, 19코×22단=10×10cm(블로킹 후)

그 외 준비물
단코표시링 4개, 돗바늘, 단추 6개(지름 2cm)

완성 치수
A. 가슴둘레: 92.5-97-101-105.5 [113.5-118-122-126.5] 139-147.5-156-164cm
B. 위팔둘레: 32.5-32.5-36-36 [40-40-42-42] 44-47.5-49.5-50.5cm
C. 소매길이: 45.5-45.5-47-47 [49.5-49.5-51-51] 52-52-52-52cm
D. 진동 중심에서 잰 몸판길이: 45cm
E. 진동길이: 24-25.5-25.5-26.5 [26.5-28-28-29] 30.5-32-33-34.5cm
F. 앞목파임: 20cm

만드는 법

4.0mm 바늘과 바탕실을 사용해서 78-74-74-72 [72-70-72-68] 66-66-66-66코 만든다.

세팅 단(안면): 안뜨기2, 겉뜨기1, 단코표시링 건다(오른쪽 앞판), 겉뜨기1, 안뜨기22-18-18-16 [16-14-16-12] 8-8-6-4, 겉뜨기1, 단코표시링 건다(오른쪽 소매), 겉뜨기1, 안뜨기22-26-26-28 [28-30-28-32] 38-38-42-46, 겉뜨기1, 단코표시링 건다(뒤판), 겉뜨기1, 안뜨기22-18-18-16 [16-14-16-12] 8-8-6-4, 겉뜨기1, 단코표시링 건다(왼쪽 소매), 겉뜨기1, 안뜨기2(왼쪽 앞판).

래글런 코늘림과 네크라인

이제 몸판과 소매 래글런 코늘림을 시작할 것이다. 래글런 코늘림하면서 동시에 래글런 코늘림에 이어지는 설명과 같이 단 시작과 끝에서 네크라인 코늘림을 진행할 것이다.

래글런 코늘림 1번째 세트

1단(겉면 / 몸판, 소매 코늘림): *단코표시링 2코 전까지 겉뜨기한다, m1r코늘림, 겉뜨기2, 단코표시링 옮긴다, 겉뜨기2, m1l코늘림*, *~*를 3회 더 반복한다, 단 끝까지 겉뜨기한다. (8코 늘어남)

2단(안면): *단코표시링 1코 전까지 안뜨기한다, 겉뜨기1, 단코표시링 옮긴다, 겉뜨기1*, *~*를 3회 더 반복한다, 단 끝까지 안뜨기한다.

1~2단을 3-1-7-8 [12-12-10-15] 19-19-22-24회 더 반복하는데, 동시에 네크라인 코늘림을 진행한다. 이제 소매에 각각 32-24-36-36 [44-42-40-46] 50-50-54-56코, 뒤판에 32-32-44-48 [56-58-52-66] 80-80-90-98코, 앞판에 각각 8-5-13-16 [22-22-19-27] 35-35-43-49코 있다.

래글런 코늘림 2번째 세트

1단(겉면 / 몸판 코늘림): *단코표시링 2코 전까지 겉뜨기한다, m1r코늘림, 겉뜨기2, 단코표시링 옮긴다, 단코표시링까지 겉뜨기한다, 단코표시링 옮긴다, 겉뜨기2, m1l코늘림*, *~*를 1회 더 반복한다, 단 끝까지 겉뜨기한다. (4코 늘어남)

2단(안면): *단코표시링 1코 전까지 안뜨기한다, 겉뜨기1, 단코표시링 옮긴다, 겉뜨기1*, *~*를 3회 더 반복한다, 단 끝까지 안뜨기한다.

3단(몸판과 소매 코늘림): *단코표시링 2코 전까지 겉뜨기한다, m1r코늘림, 겉뜨기2, 단코표시링 옮긴다, 겉뜨기2, m1l코늘림*, *~*를 3회 더 반복한다, 단 끝까지 겉뜨기한다.

4단: 2단과 동일하게 뜬다.

1~4단을 12-10-9-9 [9-9-11-9] 8-9-8-8회 더 반복하는데, 동시에 네크라인 코늘림을 진행한다. 이제 소매에 각각 58-46-56-56 [64-62-64-66] 68-70-72-74코, 뒤판에 84-76-84-88 [96-98-100-106] 116-120-126-134코, 앞판에 각각 42-36-42-44 [48-49-50-53] 58-60-63-67코 있다.

래글런 코늘림 3번째 세트, XS-S-M1 [L1] 사이즈만 해당

1단(겉면): 단코표시링을 만나면 옮겨가며, 단 끝까지 겉뜨기한다.

2단(안면): *단코표시링 1코 전까지 안뜨기한다, 겉뜨기1, 단코표시링 옮긴다, 겉뜨기1*, *~*를 3회 더 반복한다, 단 끝까지 안뜨기한다.

3단(몸판과 소매 코늘림): *단코표시링 2코 전까지 겉뜨기한다, m1r코늘림, 겉뜨기2, 단코표시링 옮긴다, 겉뜨기2, m1l코늘림*, *~*를 3회 더 반복한다, 단 끝까지 겉뜨기한다.

4단: 2단과 동일하게 뜬다.

1~4단을 3-1-1 [0]회 더 반복하는데, 동시에 네크라인 코늘림을 진행한다. 이제 소매에 각각 54-60-60 [64]코, 뒤판에 84-88-92 [100]코, 앞판에 각각 42-44-46 [50]코 있다.

네크라인 코늘림

5-5-5-5 [5-3-5-3] 3-3-3-3번째 단 시작과 끝에서 네크라인 코늘림을 시작하는데, 동시에 몸판과 소매 코늘림도 진행한다.

네크라인 코늘림(겉면): 겉뜨기1, m1l코늘림, 단코표시링을 만나면 옮기고 래글런 코늘림하며 왼손 바늘에 1코 남을 때까지 겉뜨기한다, m1r코늘림, 겉뜨기1. (2코 늘어남)

네크라인 코늘림을 6번째 단마다 6-2-2-0 [0-0-0-0] 0-0-0-0회 더, 4번째 단마다 2-8-8-11 [11-11-11-10] 7-7-5-3회, 마지막으로 2번째 단마다 0-0-0-0 [0-1-0-3] 9-9-13-17회 반복한다.

네크라인 코늘림과 래글런 코늘림을 끝내면, 바늘에 총 284-276-296-304 [320-328-328-344] 368-380-396-416코 있다. 뒤판 84-84-88-92 [96-100-100-106] 116-120-126-134코, 앞판 각각 42-42-44-46 [48-50-50-53] 58-60-63-67코, 소매 각각 58-54-60-60 [64-64-64-66] 68-70-72-74코.

몸판

세팅 단(겉면): *단코표시링까지 겉뜨기한다, 단코표시링 제거한다, 다음 58-54-60-60 [64-64-64-66] 68-70-72-74코를 안전핀에 옮겨 쉼코로 둔다, 감아코잡기로 4-8-8-8 [12-12-16-14] 16-20-22-22코 만든다, 단코표시링 제거한다, *, *~*를 1회 더 반복한다, 단 끝까지 겉뜨기한다. (총 176-184-192-200 [216-224-232-240] 264-280-296-312코)

세팅 단(안면): 단 끝까지 안뜨기한다.

배색실을 연결해서 각 단마다 무늬 도안을 11-11.5-12-12.5 [13.5-14-14.5-15] 16.5-17.5-18.5-19.5회 반복하며 몸판 무늬를 뜬다.

무늬 도안을 절반만 반복하는 사이즈에서는, 마지막 반복이 무늬 도안의 8번째 코를 뜨고 끝난다.

배색실을 자르고 편물이 진동 중심에서 재서 40cm가 될 때까지 혹은 원하는 길이에서 5cm 모자랄 때까지 계속해서 메리야스뜨기하는데, 마지막으로 뜨는 단이 안면 단이 되도록 끝낸다.

다음 단(겉면): 겉뜨기1, (안뜨기2, 겉뜨기2)를 왼손 바늘에 3코 남을 때까지 반복한다, 안뜨기2, 겉뜨기1.

다음 단(안면): 안뜨기1, (겉뜨기2, 안뜨기2)를 왼손 바늘에 3코 남을 때까지 반복한다, 겉뜨기2, 안뜨기1.

이 고무뜨기로 10단 더 뜬다. 고무뜨기하면서 코막음한다.

소매
쉼코로 두었던 소매 코를 바늘로 옮긴다.
세팅 단(겉면): 바탕실을 사용해서 진동 중심에서 시작해, 2-4-4-4 [6-6-8-7] 8-10-11-11코 줍는다, 소매 코를 겉뜨기한다, 진동에서 2-4-4-4 [6-6-8-7] 8-10-11-11코 줍는다, 단코표시링을 걸어 단 시작을 표시하고 원통으로 잇는다. (총 62-62-68-68 [76-76-80-80] 84-90-94-96코)

XXS-XS-S-M1 [M2-L1] 2XL-3XL-4XL 사이즈만 해당
겉뜨기로 8-8-6-6 [5-5] 5-4-4단 뜬다.
코줄임 단: 겉뜨기1, 왼코줄임, 왼손 바늘에 3코 남을 때까지 겉뜨기한다, 오른코줄임, 겉뜨기1. (2코 줄어듦)
코줄임 단을 9-9-7-7 [6-6] 6-5-5번째 단마다 2-2-1-1 [1-1] 1-0-2회 더 반복한다. (총 56-56-64-64 [72-72] 80-88-88코)

모든 사이즈 해당
바탕실을 연결해서 각 단마다 무늬 도안을 3.5-3.5-4-4 [4.5-4.5-5-5] 5-5.5-5.5-6회 반복하며 소매 무늬를 뜬다. 배색실을 자른다.
코줄임 단: 바탕실을 연결해서 겉뜨기1, 왼코줄임, 왼손 바늘에 3코 남을 때까지 겉뜨기한다, 오른코줄임, 겉뜨기1. (2코 줄어듦)
코줄임 단을 9-9-7-7 [6-6-6-6] 6-5-5-4번째 단마다 5-5-9-9 [11-11-13-13] 13-15-15-19회 더 반복한다. (총 44-44-44-44 [48-48-52-52] 52-56-56-56코)
계속해서 소매 편물이 진동 중심에서 재서 41-41-42.5-42.5 [45-45-46.5-46.5] 47-47-47-47cm가 될 때까지 혹은 원하는 길이에서 5cm 모자랄 때까지 코줄임 없이 평단으로 진행한다.
다음 단: (겉뜨기2, 안뜨기2)를 단 끝까지 반복한다.
이 고무뜨기로 11단 더 뜬다. 고무뜨기하면서 코막음한다.

앞여밈단
세팅 단(겉면): 바탕실을 사용해서 오른쪽 앞판 아래쪽에서 시작해 왼쪽 앞판 아래쪽에서 끝내며, 308-308-308-312 [312-312-316-312] 316-324-324-332코 줍는다. (앞판에서는 3단마다 2코씩 그리고 소매와 뒷목에서는 1코마다 1코씩 줍는다.)
1단(안면): 안뜨기1, (겉뜨기2, 안뜨기2)를 왼손 바늘에 3코 남을 때까지 반복한다, 겉뜨기2, 안뜨기1.
2단: 1코걸러뜨기, (안뜨기2, 겉뜨기2)를 왼손 바늘에 3코 남을 때까지 반복한다, 안뜨기2, 겉뜨기1.
3단: 1코걸러뜨기, (겉뜨기2, 안뜨기2)를 왼손 바늘에 3코 남을 때까지 반복한다, 겉뜨기2, 안뜨기1.
4단(단춧구멍): 1코걸러뜨기, 고무뜨기로 5-6-6-4 [4-5-5-6] 5-6-7-6코 뜬다, 2코 코막음한다, *고무뜨기로 12-12-12-13 [13-13-13-13] 14-14-14-15코 뜬다, 2코 코막음한다*, *~*를 4회 더 반복한다, 단 끝까지 고무뜨기한다.
5단(단춧구멍): 1코걸러뜨기, * 코막음한 단춧구멍을 만날 때까지 고무뜨기한다, 케이블코잡기로 2코 만든다*, *~*를 5회 더 반복한다, 단 끝까지 고무뜨기한다.
2~3단을 3-3-3-3 [3-3-3-3] 4-4-5-5회 더 반복한다. 바탕실을 자른다.
아이코드 코막음(겉면): 바탕실을 사용해서, 3코 만든다, *겉뜨기2, 꼬아뜨기로 왼코줄임, 오른손 바늘의 3코를 왼손 바늘로 옮긴다*, *~*를 모든 앞여밈단 코를 코막음할 때까지 반복한다. 실을 자르고 남은 3코 사이로 통과시켜 풀리지 않게 매듭짓는다.

몸판 무늬

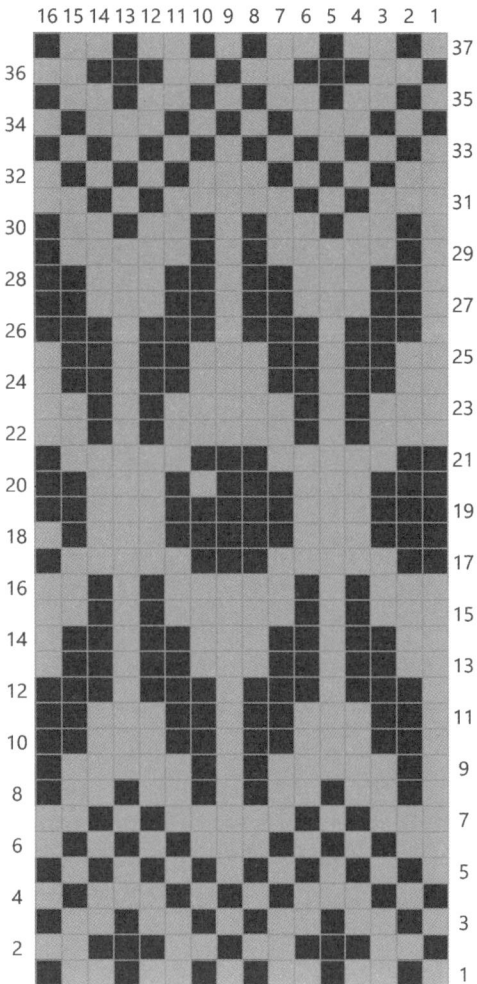

소매 무늬

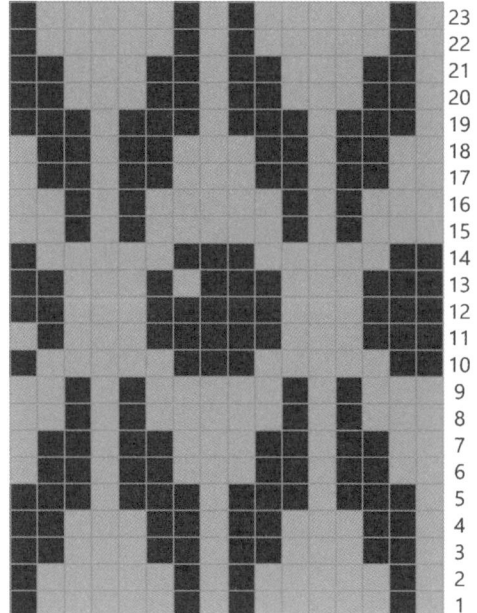

바탕실
배색실1

൪

CLOVER
클로버 카디건

클로버는 평뜨기로 위에서 아래로 내려 뜨는, 유행을 타지 않는 카디건입니다.
래글런 소매, 살짝 A라인인 몸판에 밑단의 작고 귀여운 클로버 배색무늬가 특징입니다.
숄칼라와 밑단 그리고 소맷단은 멍석뜨기합니다.

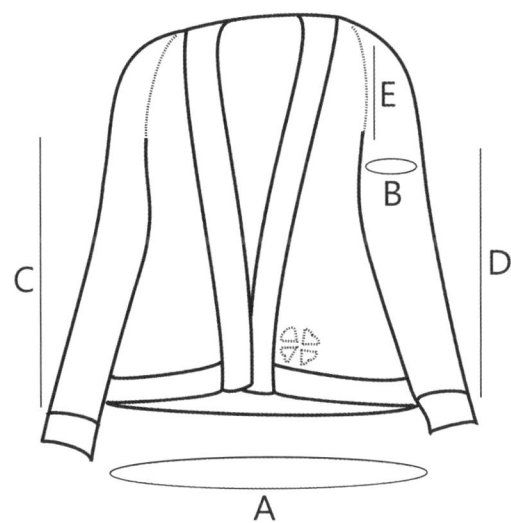

사이즈
XS-S-M [L-XL-2XL] 3XL-4XL-5XL
이 스웨터는 여유분을 주어 디자인했다. 실제 가슴둘레에 14~22cm의 여유분을 더한 사이즈를 선택하면 된다.

실
브루클린 트위드Brooklyn Tweed의 셸터Shelter(울 100%, 128m—50g), 혹은 다른 워스티드 굵기의 실.
사진 속 작품은 풋힐스Foothills(바탕실)와 수트Soot(배색실) 색상을 사용했다.
바탕실: 5-5-6 [6-7-7] 8-8-9타래
배색실: 1타래

실 소요량
바탕실: 550-620-660 [740-800-890] 950-1025-1100m
배색실: 25-30-35 [40-45-50] 55-60-70m

바늘
100cm 길이 줄바늘 5.0mm
소매를 뜰 때 장갑바늘을 선호한다면 장갑바늘 5.0mm
정확한 게이지 치수를 얻기 위해 필요하다면 바늘 호수를 조절한다.

게이지
평뜨기로 메리야스뜨기, 12코×21단=10×10cm(블로킹 후)

그 외 준비물
단코표시링 6개, 모사용 코바늘 8호(5.0mm), 자투리실, 돗바늘

완성 치수
A. **가슴둘레:** 90-98.5-111.5 [125-130-145] 151.5-166.5-176.5cm
A. **밑단둘레:** 105-116.5-128.5 [140-151.5-163.5] 163.5-175-198.5cm
B. **위팔둘레:** 28.5-30-35 [38.5-40-43.5] 45-51.5-53.5cm
C. **소매길이:** 44-45-45.5 [45.5-46.5-46.5] 46.5-46.5-46.5cm
D. **진동 중심에서 잰 몸판길이:** 34.5cm
E. **진동길이:** 18-19-21 [22-23-25] 25.5-26.5-27.5cm

멍석뜨기
멍석뜨기는 (겉뜨기1, 안뜨기1)로 동일하게 2단 뜨고 다음 2단은 (안뜨기1, 겉뜨기1)로 바꿔 뜬다.
1단(겉면): (겉뜨기1, 안뜨기1)을 단 끝까지 반복한다.
2단(안면): 1단과 동일하게 뜬다.
3단: (안뜨기1, 겉뜨기1)을 단 끝까지 반복한다.
4단: 3단과 동일하게 뜬다.

만드는 법

5.0mm 코바늘과 자투리실을 사용해서 별실코잡기로 14코 만든다.

1단(겉면): 바탕실을 사용해서 (겉뜨기1, 안뜨기1)을 단 끝까지 반복한다.

2단(안면): 1단과 동일하게 뜬다.

3단: (안뜨기1, 겉뜨기1)을 단 끝까지 반복한다.

4단: 3단과 동일하게 뜬다.

1~4단을 6회 더 반복한다. 실을 자르고 안전핀에 쉼코로 둔다.

별실코잡기 실을 조심해서 풀어내 바늘에 14코 줍는다.

1~4단을 총 7회 뜬다. 실을 자르지 않는다.

래글런 코늘림과 네크라인

이제 몸판과 소매 래글런 코늘림을 시작할 것이다. 래글런 코늘림과 동시에, 래글런 코늘림에 이어지는 설명과 같이 단 시작과 끝에서 네크라인 코늘림을 진행할 것이다. 멍석뜨기 칼라는 2단마다 겉뜨기 안뜨기를 계속 번갈아 하며 만든다.

세팅 단(겉면): (겉뜨기1, 안뜨기1)을 7회 반복한다, 단코표시링 건다, 편물을 90도 돌려서 긴 가장자리를 따라 3코 줍는다, 단코표시링 건다(왼쪽 앞판), 8-6-6 [6-6-6] 6-4-4코 줍는다, 단코표시링 건다(왼쪽 소매), 22-24-24 [24-24-24] 24-26-26코 줍는다, 단코표시링 건다(뒤판), 8-6-6 [6-6-6] 6-4-4코 줍는다, 단코표시링 건다(오른쪽 소매), 3코 줍는다, 단코표시링 건다(오른쪽 앞판), (겉뜨기1, 안뜨기1)을 단 끝까지 반복한다. (총 72-70-70 [70-70-70] 70-68-68코)

세팅 단(안면): 단코표시링까지 (겉뜨기1, 안뜨기1)를 반복한다, 단코표시링 옮긴다, *단코표시링까지 안뜨기한다, 단코표시링 옮긴다*, *~*를 4회 더 반복한다, (겉뜨기1, 안뜨기1)을 단 끝까지 반복한다.

래글런 1번째 세트

1단(몸판과 소매 코늘림): 단코표시링까지 멍석뜨기한다, 단코표시링 옮긴다, *단코표시링 1코 전까지 겉뜨기한다, m1r코늘림, 겉뜨기1, 단코표시링 옮긴다, 겉뜨기1, m1l코늘림*, *~*를 3회 더 반복한다, 단코표시링까지 겉뜨기한다, 단코표시링 옮긴다, 단 끝까지 멍석뜨기한다. (8코 늘어남)

2단(안면): 단코표시링까지 멍석뜨기한다, 단코표시링 옮긴다, *단코표시링까지 안뜨기한다, 단코표시링 옮긴다*, *~*를 4회 더 반복한다, 단 끝까지 멍석뜨기한다.

1~2단을 2-5-5 [8-5-7] 4-13-10회 더 반복하는데, 동시에 네크라인 코늘림을 진행한다. 이제 소매에 각각 14-18-18 [24-18-22] 16-32-26코, 뒤판에 28-36-36 [42-36-40] 34-54-48코, 앞판에 각각 20-24-24 [28-24-26] 23-34-30코 있다.

래글런 2번째 세트

1단(겉면 / 몸판 코늘림): 단코표시링까지 멍석뜨기한다, 단코표시링 옮긴다, *단코표시링 1코 전까지 겉뜨기한다, m1r코늘림, 겉뜨기1, 단코표시링 옮긴다, 단코표시링까지 겉뜨기한다, 단코표시링 옮긴다, 겉뜨기1, m1l코늘림*, *~*를 1회 더 반복한다, 단코표시링까지 겉뜨기한다, 단코표시링 옮긴다, 단 끝까지 멍석뜨기한다. (4코 늘어남)

2단(안면): 단코표시링까지 멍석뜨기한다, 단코표시링 옮긴다, *단코표시링까지 안뜨기한다, 단코표시링 옮긴다*, *~*를 4회 더 반복한다, 단 끝까지 멍석뜨기한다.

3단(몸판과 소매 코늘림): 단코표시링까지 멍석뜨기한다, 단코표시링 옮긴다, *단코표시링 1코 전까지 겉뜨기한다, m1r코늘림, 겉뜨기1, 단코표시링 옮긴다, 겉뜨기1, m1l코늘림*, *~*를 3회 더 반복한다, 단코표시링까지 겉뜨기한다, 단코표시링 옮긴다, 단 끝까지 멍석뜨기한다. (8코 늘어남)

4단: 2단과 동일하게 뜬다.

1~4단을 1-0-1 [3-4-6] 7-5-8회 더 반복하는데, 동시에 네크라인 코늘림을 진행한다. 이제 바늘에 소매 각각 18-20-22 [32-28-36] 32-44-44코, 뒤판 36-40-44 [58-56-68] 66-78-84코, 앞판 각각 25-27-29 [38-36-43] 42-49-51코 있다.

래글런 코늘림 3번째 세트 (XS-S-M [L-XL-2XL] 3XL-4XL 사이즈만 해당)

1단(겉면): 단코표시링까지 멍석뜨기한다, 단코표시링 옮긴다, *단코표시링까지 겉뜨기한다, 단코표시링 옮긴다*, *~*를 4회 더 반복한다, 단코표시링 옮긴다, 단 끝까지 멍석뜨기한다.

2단(안면): 단코표시링까지 멍석뜨기한다, 단코표시링 옮긴다, *단코표시링까지 안뜨기한다, 단코표시링 옮긴다*, *~*를 4회 더 반복한다, 단 끝까지 멍석뜨기한다.

3단(몸판과 소매 코늘림): 단코표시링까지 멍석뜨기한다, 단코표시링 옮긴다, *단코표시링 1코 전까지 겉뜨기한다, m1r코늘림, 겉뜨기1, 단코표시링 옮긴다, 겉뜨기1, m1l코늘림*, *~*를 3회 더 반복한다, 단코표시링까지 겉뜨기한다, 단코표시링 옮긴다, 단 끝까지 멍석뜨기한다. (8코 늘어남)

4단: 2단과 동일하게 뜬다.

1~4단을 5-5-5 [2-3-1] 2-0회 더 반복하는데, 동시에 네크라인 코늘림을 진행한다. 이제 바늘에 소매 각각 30-32-34 [38-36-40] 38-46코, 뒤판 48-52-56 [64-64-72] 72-80코, 앞판 각각 33-36-38 [42-41-46] 46-51코 있다.

네크라인 코늘림

9-7-7 [7-9-9] 9-7-9번째 단 시작과 끝에서 네크라인 코늘림을 시작하는데, 동시에 몸판과 소매 코늘림도 진행한다.

네크라인 코늘림 단(겉면): 단코표시링까지 멍석뜨기한다, 단코표시링 옮긴다, 겉뜨기1, m1l코늘림, *단코표시링까지 겉뜨기한다, 단코표시링 옮긴다*, *~*를 3회 더 반복한다, 단코표시링 1코 전까지 겉뜨기한다, m1r코늘림, 겉뜨기1, 단코표시링 옮긴다, 단 끝까지 멍석뜨기한다. (2코 늘어남)

네크라인 코늘림 단을 10-8-8 [8-10-10] 10-8-10번째 단마다 7-8-8 [8-8-8] 8-9-9회 더 반복한다.

소매 코를 쉼코로 둔 후에도 네크라인 코늘림은 계속 진행된다는 것을 주의한다.

몸판

세팅 단(겉면): 단코표시링까지 멍석뜨기한다, 단코표시링 옮긴다, *단코표시링까지 겉뜨기한다, 단코표시링 제거한다, 다음 30-32-34 [38-36-40] 38-46-44코를 안전핀에 옮겨 쉼코로 둔다, 감아코잡기로 2-2-4 [4-6-6] 8-8-10코 만든다, 단코표시링 건다, 감아코잡기로 2-2-4 [4-6-6] 8-8-10코 만든다, 단코표시링 제거한다*, *~*를 1회 더 반복한다, 단코표시링까지 겉뜨기한다, 단코표시링 옮긴다, 단 끝까지 멍석뜨기한다. (총 122-132-148 [164-170-188] 196-214-226코)

세팅 단(안면): 단코표시링까지 멍석뜨기한다, 단코표시링 옮긴다, *단코표시링까지 안뜨기한다, 단코표시링 옮긴다*, *~*를 2회 더 반복한다, 단 끝까지 멍석뜨기한다.

이미 만들어진 무늬대로, 칼라는 멍석뜨기하고 다른 부분은 메리야스뜨기하며, 계속해서 네크라인 코늘림한다. 18-10-12 [14-8-10] 26-40-8단 뜬다.

코늘림 단(겉면): 단코표시링까지 멍석뜨기한다, 단코표시링 옮긴다, *단코표시링 1코 전까지 겉뜨기한다, m1r코늘림, 겉뜨기1, 단코표시링 옮긴다, 겉뜨기1, m1l코늘림*, *~*를 1회 더 반복한다, 단코표시링까지 겉뜨기한다, 단코표시링 옮긴다, 단 끝까지 멍석뜨기한다. (4코 늘어남)

코늘림 단을 20-12-14 [16-10-12] 28-42-10번째 단마다 1-2-2 [1-3-2] 0-0-3회 더 반복한다. 몸판과 네크라인 코늘림을 모두 끝내면, 바늘에 총 140-152-168 [180-196-208] 208-224-252코 있다.

계속해서 편물이 진동 중심에서 재서 20cm가 될 때까지 혹은 원하는 길이에서 14.5cm 모자랄 때까지 이미 만들어진 무늬대로 뜬다.

다음 단(겉면 / S [L-2XL] 3XL 사이즈만 해당): 단코표시링까지 멍석뜨기한다, 단코표시링 옮긴다, 단코표시링 1코 전까지 겉뜨기한다, m1r코늘림, 겉뜨기1, 단코표시링 옮긴다, 단코표시링까지 겉뜨기한다, 단코표시링 옮긴다, 겉뜨기1, m1l코늘림, 단코표시링까지 겉뜨기한다, 단코표시링 옮긴다, 단 끝까지 멍석뜨기한다. (총 154 [182-210] 210코)

다음 단(안면 / S [L-2XL] 3XL 사이즈만 해당): 단코표시링까지 멍석뜨기한다, 단코표시링 옮긴다, *단코표시링까지 안뜨기한다, 단코표시링 옮긴다*, *~*를 2회 더 반복한다, 단 끝까지 멍석뜨기한다.

옆선 단코표시링을 제거한다.

배색실을 연결해서 다음과 같이 밑단 무늬를 뜬다.

다음 단(겉면): 단코표시링까지 멍석뜨기한다, 단코표시링 옮긴다, 단코표시링까지 밑단 무늬를 뜬다, 단코표시링 옮긴다, 단 끝까지 멍석뜨기한다.

밑단 무늬를 완성하면, 배색실을 자르고 바탕실을 사용해서 이미 만들어진 무늬대로 5단 더 뜨는데, 마지막으로 뜨는 단이 안면 단이 되도록 끝낸다.

마지막으로 모든 코를 멍석뜨기로 12단 뜬다. 멍석뜨기 단이 겉뜨기1로 시작할지 안뜨기1로 시작할지는 가장자리에서 뜬 마지막 코로 결정된다. 멍석뜨기하면서 코막음한다.

소매

쉼코로 두었던 소매 코를 다시 바늘로 옮긴다.

세팅 단(겉면): 바탕실을 사용해서 진동 중심에서 시작해, 2-2-4 [4-6-6] 8-8-10코 줍는다, 소매 코 겉뜨기한다, 진동에서 2-2-4 [4-6-6] 8-8-10코 줍는다, 단코표시링 걸어 단 시작을 표시하고 원통으로 잇는다. (총 34-36-42 [46-48-52] 54-62-64코)

겉뜨기로 10-10-10 [10-10-6] 6-6-6단 뜬다.

코줄임 단: 겉뜨기1, 왼코줄임, 왼손 바늘에 3코 남을 때까지 겉뜨기한다, 오른코줄임, 겉뜨기1. (2코 줄어듦)

코줄임 단을 34-23-12 [12-10-8] 9-6-6번째 단마다 2-3-6 [6-7-9] 8-12-13회 더 반복한다. (총 28-28-28 [32-32-32] 36-36-36코)

계속해서 소매 편물이 진동 중심에서 재서 38-39-40 [40-41-41] 41-41-41cm가 될 때까지 혹은 원하는 길이에서 5.5cm 모자랄 때까지 코줄임 없이 평단으로 진행한다.

1단(겉면): (겉뜨기1, 안뜨기1)을 단 끝까지 반복한다.
2단: 1단과 동일하게 뜬다.
3단: (안뜨기1, 겉뜨기1)을 단 끝까지 반복한다.
4단: 3단과 동일하게 뜬다.

1~4단을 2회 더 반복한다. 코막음한다.

밑단 무늬

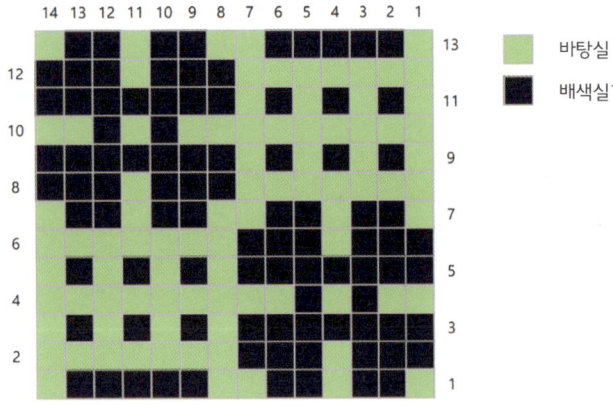

바탕실
배색실1

5

PIRTA
피르타 카디건

피르타 카디건은 솔기 없이 원통뜨기로 위에서 아래로 내려 뜹니다. 자연스럽게 처지는 카울넥이고
둥근 요크에는 배색을 넣었습니다. 밑단에서 배색무늬의 일부분을 반복하고 주머니는 그 뒤에 숨깁니다.
편물을 완성하면 스틱steek 자르기 기법으로 앞판을 둘로 나눠 카디건 형태를 만듭니다.

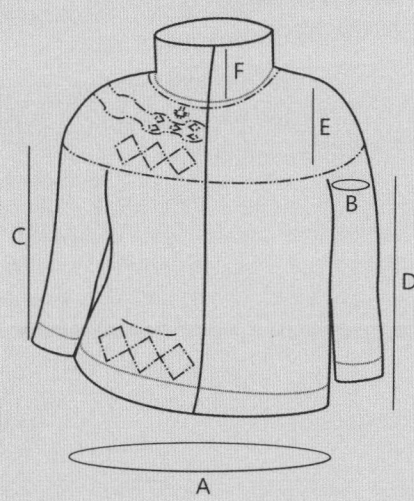

사이즈
XXS-XS-S-M1 [M2-L1-L2-XL] 2XL-3XL-4XL-5XL
이 스웨터는 여유분을 주어 디자인했다. 실제 가슴둘레에 약 5cm 여유분을 더한 사이즈를 선택하면 된다.

실
케세케르호 폼폼 Kässäkerho Pom Pom의 도니골 Donegal DK(메리노울 85%, 레이온 15%, 212m—100g), 혹은 다른 DK 굵기의 실.
사진 속 작품은 히에카 Hiekka(바탕실), 테레스 Teräs(배색실1), 하베 Haave(배색실2) 색상을 사용했다.
바탕실: 4-4-4-4 [4-4-5-5] 5-6-6-7타래
배색실1: 2-2-2-2 [2-2-2-2] 3-3-3-3타래
배색실2: 1-1-1-1 [1-1-1-1] 2-2-2-2타래

실 소요량
바탕실: 660-700-735-770 [810-845-885-960] 1045-1095-1175-1275m
배색실1: 280-285-315-320 [335-350-355-390] 515-520-560-590m
배색실2: 145-150-165-165 [175-185-185-205] 275-275-300-310m

바늘
100cm 길이 줄바늘 4.0mm
소매를 뜰 때 장갑바늘을 선호한다면 장갑바늘 4.0mm
정확한 게이지 치수를 얻기 위해 필요하다면 바늘 호수를 조절한다.

게이지
원통뜨기로 메리야스뜨기와 배색뜨기, 20코×26단=10×10cm(블로킹 후)

그 외 준비물
단코표시링 6개, 단추 7~8개(지름 2.5cm), 돗바늘

완성 치수
A. 가슴둘레: 82-86-92-98 [102-106-112-122] 134-142-150-166cm
A. 엉덩이둘레: 84-90-96-102 [102-108-114-126] 138-144-150-168cm
B. 위팔둘레: 27-29-30-31 [33-35-36-39] 43-45-49-53cm
C. 소매길이: 43-44-44-44 [45-45-45.5-46] 46-46-46-46cm
D. 진동 중심에서 잰 몸판길이: 35cm
E. 진동길이: 19-19.5-20-20.5 [21-22-22.5-23.5] 25-26-27-28.5cm
F. 카울높이: 15cm

스틱 자르기
스틱 가장자리를 보강하기 위해 재봉틀로 솔기가 될 2개 부분을 꿰매 스틱을 3개 부분(보강한 부분+가운데 자를 부분+보강한 부분)으로 나눈다. 확실히 하기 위해 같은 라인을 따라 여러 번 꿰매도 좋다. 재봉틀이 없으면, 코바늘을 사용해도 좋다. 그러고 나서 2개의 솔기 사이 스틱 중심을 자른다. 가장자리를 편물 안면으로 접고 바탕실을 사용해서 적당한 자리에 꿰맨다. 원한다면 드러난 가장자리를 장식 리본으로 숨겨도 좋다.

만드는 법

바탕실을 사용해서 96-96-100-100 [100-100-100-100] 96-96-104-100코 만든다.

다음 단(겉면): 단 끝까지 겉뜨기한다.

다음 단(안면): 단 끝까지 겉뜨기한다.

계속해서 편물이 15cm가 될 때까지 가터뜨기한다.

이제 되돌아뜨기로 카울넥 뒤쪽 경사를 만들어줄 것이다.

1단(겉면): 겉뜨기75-75-78-78 [77-77-77-77] 73-74-81-76, 랩앤턴.

2단(안면): 겉뜨기54-54-56-56 [54-54-54-54] 50-52-58-52, 랩앤턴.

3단: 되돌아뜨기 코를 만날 때까지 겉뜨기한다, 그리고 되돌아뜨기 코를 겉뜨기한다(되돌아뜨기 코의 감긴 가닥은 뜨지 않는다), 겉뜨기 2-2-2-2 [2-2-2-2] 2-2-2-3, 랩앤턴.

4단: 되돌아뜨기 코를 만날 때까지 겉뜨기한다, 그리고 되돌아뜨기 코를 겉뜨기한다(되돌아뜨기 코의 감긴 가닥은 뜨지 않는다), 겉뜨기 2-2-2-2 [2-2-2-2] 2-2-2-3, 랩앤턴.

3~4단을 2회 더 반복한다.

다음 단(겉면): 되돌아뜨기 코를 만날 때까지 겉뜨기한다, 그리고 되돌아뜨기 코를 겉뜨기한다(되돌아뜨기 코의 감긴 가닥은 뜨지 않는다), 단 끝까지 겉뜨기한다. 편물을 안면으로 뒤집지 않고 단코표시링을 건다, 감아코잡기로 5코 만든다, 단코표시링을 걸어 단 시작을 표시하고 원통으로 잇는다. 이제 단 시작은 스틱 코 바로 다음에 있을 것이다.

다음 단: 되돌아뜨기 코를 만날 때까지 겉뜨기한다, 그리고 되돌아뜨기 코를 겉뜨기한다(되돌아뜨기 코의 감긴 가닥은 뜨지 않는다), 단코표시링까지 겉뜨기한다, 단코표시링 옮긴다, 안뜨기1, 겉뜨기3, 안뜨기1.

단코표시링 사이의 스틱 5코는 절대 콧수에 포함되지 않음을 주의한다. 스틱 코는 (안뜨기1, 겉뜨기3, 안뜨기1)로 뜬다. 2가지 색으로 진행할 때는, 스틱을 다음과 같이 뜬다: (배색실1을 사용해서 뜬다, 배색실2를 사용해서 뜬다)를 2회 반복한다, 배색실1을 사용해서 뜬다.

다음 단(S-M1 [M2-L1-L2-XL] 5XL 사이즈만 해당): *겉뜨기12-12 [7-5-5-3] 12, 왼코늘림, 겉뜨기13-13 [7-5-5-3] 13, 왼코늘림*, *~*를 단코표시링 0-0 [2-0-0-4] 0코 전까지 반복한다, 단코표시링까지 겉뜨기한다, 단코표시링 옮긴다, 스틱 코 뜬다. (총 108-108 [114-120-120-132] 108코)

다음 단(S-M1 [M2-L1-L2-XL] 5XL 사이즈만 해당): 단코표시링까지 겉뜨기한다, 단코표시링 옮긴다, 스틱 코 뜬다.

바탕실을 자른다.

요크

다음 단(겉면): 배색실1 그리고 배색실2를 연결해서, 각 단마다 무늬 도안을 16-16-18-18 [19-20-20-22] 24-24-26-27회 반복하며 요크 무늬를 뜬다, 단코표시링 옮긴다, 스틱 코 뜬다, 단코표시링 옮긴다.

사이즈에 따라 요크 무늬가 다름을 주의한다. 요크 무늬를 완성하면, 바늘에 총 256-256-288-288 [304-320-320-352] 384-384-416-432코 있다. 배색실1과 배색실2를 자른다.

바탕실을 사용해, 계속해서 요크 편물이 앞판 꼭대기에서 재서 19-19.5-20-20.5 [21-22-22.5-23.5] 25-26-27-28.5cm가 될 때까지 메리야스뜨기한다.

몸판

세팅 단(겉면): 겉뜨기39-39-44-45 [47-49-50-55] 60-61-65-69, *다음 50-50-56-54 [58-62-60-66] 72-70-78-78코를 안전핀에 옮겨 쉼코로 둔다, 감아코잡기로 2-4-2-4 [4-4-6-6] 7-10-10-14코 만든다, 단코표시링 건다, 감아코잡기로 2-4-2-4 [4-4-6-6] 7-10-10-14코 만든다*, 겉뜨기78-78-88-90 [94-98-100-110] 120-122-130-138, *~*를 1회 더 반복한다, 단코표시링까지 겉뜨기한다, 단코표시링 옮긴다, 스틱 코 뜬다. (총 164-172-184-196 [204-212-224-244] 268-284-300-332코)

원한다면 여기서 가슴 다트를 넣어도 좋다. 컵 사이즈에 따라 가슴에서 가장 높은 곳(가장 넓은 부분)에서 다트를 넣는다. 이 지점이 가장 높은 곳이 아니라면, 몸판을 좀 더 진행하다가 가슴 다트를 넣어도 좋다. 스틱 코는 다트 설명에 언급되지 않음을 주의하고, 뜨던 대로 진행하면 된다. 가슴 다트를 넣지 않는다면, 이 과정을 건너뛰고, '가슴 다트를 뜬 후' 부분으로 간다.

C/D컵 가슴 다트

1단(겉면): 왼쪽 옆선 단코표시링 11-11-12-13 [13-14-14-16] 17-18-19-21코 전까지 겉뜨기한다, 랩앤턴.

2단(안면): 오른쪽 옆선 단코표시링 11-11-12-13 [13-14-14-16] 17-18-19-21코 전까지 안뜨기한다, 랩앤턴.

3단: 마지막 되돌아뜨기 코 5-6-6-6 [6-6-7-8] 8-9-10-10코 전까지 겉뜨기한다, 랩앤턴.

4단: 마지막 되돌아뜨기 코 5-6-6-6 [6-6-7-8] 8-9-10-10코 전까지 안뜨기한다, 랩앤턴.

3~4단을 1회 더 반복한다.

7단(겉면): 단 끝까지 겉뜨기한다.

8단(겉면): 되돌아뜨기 코를 만나면 감긴 가닥과 함께 겉뜨기하면서, 단 끝까지 겉뜨기한다.

E/F컵 가슴 다트

1단(겉면): 왼쪽 옆선 단코표시링 11-11-12-13 [13-14-14-16] 17-18-19-21코 전까지 겉뜨기한다, 랩앤턴.

2단(안면): 오른쪽 옆선 단코표시링 11-11-12-13 [13-14-14-16] 17-18-19-21코 전까지 안뜨기한다, 랩앤턴.

3단: 마지막 되돌아뜨기 2-3-3-3 [3-3-4-4] 4-4-5-5코 전까지 겉뜨기한다, 랩앤턴.

4단: 마지막 되돌아뜨기 2-3-3-3 [3-3-4-4] 4-4-5-5코 전까지 안뜨기한다, 랩앤턴.

3~4단을 3회 더 반복한다.

11단(겉면): 단 끝까지 겉뜨기한다.

12단(겉면): 되돌아뜨기 코를 만나면 감긴 가닥과 함께 겉뜨기하면서, 단 끝까지 겉뜨기한다.

G/H컵 가슴 다트

1단(겉면): 왼쪽 옆선 단코표시링 11-11-12-13 [13-14-14-16] 17-18-19-21코 전까지 겉뜨기한다, 랩앤턴.

2단(안면): 오른쪽 옆선 단코표시링 11-11-12-13 [13-14-14-16] 17-18-19-21코 전까지 안뜨기한다, 랩앤턴.

3단: 마지막 되돌아뜨기 1-2-2-2 [2-2-2-2] 2-3-3-3코 전까지 겉뜨기한다, 랩앤턴.

4단: 마지막 되돌아뜨기 1-2-2-2 [2-2-2-2] 2-3-3-3코 전까지 안뜨기한다, 랩앤턴.

3~4단을 6회 더 반복한다.

17단(겉면): 단 끝까지 겉뜨기한다.

18단(겉면): 되돌아뜨기 코를 만나면 감긴 가닥과 함께 겉뜨기하면서, 단 끝까지 겉뜨기한다.

가슴 다트를 뜬 후

다음 단(겉면): *단코표시링까지 겉뜨기한다, 단코표시링 옮긴다*, *~*를 2회 더 반복한다, 스틱 코 뜬다.

XXS-XS-S-M1 [L1-L2-XL] 2XL-3XL-5XL 사이즈만 해당

계속해서 이미 만들어진 무늬대로 23-15-15-15 [23-23-15] 15-23-23단 뜬다.

코늘림 단: *단코표시링 3코 전까지 겉뜨기한다, m1r코늘림, 겉뜨기 3, 단코표시링 옮긴다, 겉뜨기3, m1l코늘림*, *~*를 1회 더 반복한다, 단코표시링까지 겉뜨기한다, 단코표시링 옮긴다, 스틱 코 뜬다. (4코 늘어남)

코늘림 단을 25-17-17-17 [25-25-17] 17-25-25번째 단마다 0-1-1-1 [0-0-1] 1-0-0회 더 반복한다. (총 168-180-192-204 [216-228-252] 276-288-336코)

모든 사이즈 해당

계속해서 요크 편물이 진동 중심에서 재서 19.5cm가 될 때까지 혹은 원하는 길이에서 15.5cm 모자랄 때까지 이미 만들어진 무늬대로 뜬다. 옆선의 단코표시링을 제거한다.

밑단

세팅 단(겉면): 바탕실을 사용해서, 겉뜨기12-12-12-18 [18-18-18-18] 18-18-24-24, 자투리실로 24코 겉뜨기한다, 방금 뜬 24코를 왼손 바늘로 옮긴다, 바탕실을 사용해서 스틱 단코표시링 36-36-36-42 [42-42-42-42] 42-42-48-48코 겉뜨기한다, 자투리실로 24코 겉뜨기한다, 방금 뜬 24코를 왼손 바늘로 옮긴다, 바탕실을 사용해서 단코표시링까지 겉뜨기한다, 단코표시링 옮긴다, 스틱 코 뜬다.

1단: 단코표시링까지 겉뜨기한다, 단코표시링 옮긴다, 스틱 코 뜬다.

2단: 1단과 동일하게 뜬다.

3단: 배색실1을 연결해서, 단코표시링까지 밑단 무늬를 뜬다, 단코표시링 옮긴다, 스틱 코 뜬다.

밑단 무늬를 완성할 때까지 이미 만들어진 무늬대로 계속 진행한다.

배색실1과 배색실2를 자른다.

24단: 바탕실을 사용해서, 단코표시링까지 겉뜨기한다, 단코표시링 옮긴다, 스틱 코 뜬다.

25~28단: 24단과 동일하게 뜬다.

29단: 단코표시링까지 겉뜨기한다, 단코표시링 제거한다, 스틱 5코 코막음한다, 단코표시링 제거한다.

30단(겉면): 단 끝까지 겉뜨기한다.

31단(안면): 단 끝까지 겉뜨기한다.

30~31단을 5회 더 반복한다. 잘 늘어나는 코막음 기법을 사용해서 코막음한다.

소매

쉼코로 두었던 소매 코를 바늘로 옮긴다.

세팅 단(겉면): 바탕실을 사용해서 진동 중심에서 시작해, 2-4-2-4 [4-4-6-6] 7-10-10-14코 줍는다, 소매 코 겉뜨기한다, 진동에서 2-4-2-4 [4-4-6-6] 7-10-10-14코 줍는다, 단코표시링을 걸어 단 시작을 표시하고 원통으로 잇는다. (총 54-58-60-62 [66-70-72-78] 86-90-98-106코)

겉뜨기로 7-7-7-7 [7-7-2-2] 2-2-2-2단 뜬다.

코줄임 단: 겉뜨기1, 왼코줄임, 왼손 바늘에 3코 남을 때까지 겉뜨기한다, 오른코줄임, 겉뜨기1. (2코 줄어듦)

코줄임 단을 12-9-8-7 [6-5-8-6] 5-4-3-4번째 단마다 6-8-9-10 [12-14-10-13] 17-19-23-22회 더 반복한다. (총 40-40-40-40 [40-40-50-50] 50-50-50-60코)

계속해서 소매 편물이 진동 중심에서 재서 32-33-33-33 [34-34-34.5-35] 35-35-35-35cm가 될 때까지 혹은 원하는 길이에서 11cm 모자랄 때까지 이미 만들어진 무늬대로 진행한다.

다음 단: 배색실1을 연결해서 단 끝까지 소매 무늬로 뜬다.

계속해서 소매 무늬를 완성할 때까지 이미 만들어진 무늬대로 진행한다. 배색실1을 자른다.

다음 단: 바탕실을 사용해서, 단 끝까지 겉뜨기한다.

겉뜨기로 2단 더 뜬다.

다음 단: 단 끝까지 안뜨기한다.

다음 단: 단 끝까지 겉뜨기한다.

마지막 두 단(안뜨기, 겉뜨기 단)을 7회 더 반복한다. 코막음한다.

앞여밈단

이제 앞판에서 코를 주워 앞여밈단을 뜰 것이다. 스틱 옆에서 코를 주울 때, 스틱의 안뜨기 코 바로 전까지 코를 줍는다. 메리야스뜨기 부분에서는 3단마다 약 2코, 가터뜨기 카울에서는 2단마다 1코 줍는다.

가슴 다트를 뜨지 않은 경우

세팅 단(겉면): 바탕실을 사용해, 오른쪽 앞판과 칼라를 따라서 130-132-132-134 [134-136-136-138] 142-144-144-148코 줍는다.

1단(안면): 1코걸러뜨기, 단 끝까지 겉뜨기한다.

2단: 1단과 동일하게 뜬다.

3단: 1단과 동일하게 뜬다.

4단: 겉뜨기10-11-11-9 [9-10-10-11] 10-11-11-10, 2코 코막음한다, *겉뜨기16-16-16-17 [17-17-17-17] 18-18-18-19, 2코 코막음한다*, *~*를 5회 더 반복한다, 단 끝까지 겉뜨기한다.
5단: *코막음한 단춧구멍을 만날 때까지 겉뜨기한다, 감아코잡기로 2코 만든다*, *~*를 6회 더 반복한다, 단 끝까지 겉뜨기한다.
6단: 1단과 동일하게 뜬다.
7단: 1단과 동일하게 뜬다.
코막음한다.
왼쪽 앞여밈단도 동일하게 뜨는데 4단과 5단에서 단춧구멍을 만들지 않는다.

가슴 다트를 뜬 경우
세팅 단(겉면): 바탕실을 사용해, 오른쪽 앞판과 칼라를 따라서 138-140-140-142 [142-144-144-146] 150-152-152-156코 줍는다.
1단(안면): 1코걸러뜨기, 단 끝까지 겉뜨기한다.
2단: 1단과 동일하게 뜬다.
3단: 1단과 동일하게 뜬다.
4단: 겉뜨기8-9-9-10 [10-8-8-9] 11-8-8-10, 2코 코막음한다, *겉뜨기15-15-15-15 [15-16-16-16] 16-17-17-17, 2코 코막음한다*, *~*를 6회 더 반복한다, 단 끝까지 겉뜨기한다.
5단: *코막음한 단춧구멍을 만날 때까지 겉뜨기한다, 감아코잡기로 2코 만든다*, *~*를 7회 더 반복한다, 단 끝까지 겉뜨기한다.
6단: 1단과 동일하게 뜬다.
7단: 1단과 동일하게 뜬다.
코막음한다.
왼쪽 앞여밈단도 동일하게 뜨는데 4단과 5단에서 단춧구멍을 만들지 않는다.

주머니
편물 겉면이 보이는 상태에서, (앞판에서 떴던) 자투리실의 위아래에서 2개의 바늘에 각각 24코씩 주의해서 줍는다, 자투리 실을 제거한다. (총 48코).
세팅 단: 배색실1을 사용해서, 바늘1 끝까지 겉뜨기한다, 바늘2 끝까지 겉뜨기한다, 단코표시링 걸어 단 시작을 표시하고 원통으로 잇는다.
겉뜨기로 29단 더 뜬다. 메리야스잇기 기법으로 코를 잇고, 편물 안면 가터뜨기 밑단 맨 위에 자리를 잡아 꿰맨다.

요크 무늬, XXS-XS-S-M1 [M2-L1-L2-XL] 사이즈

요크 무늬, 2XL-3XL-4XL-5XL 사이즈

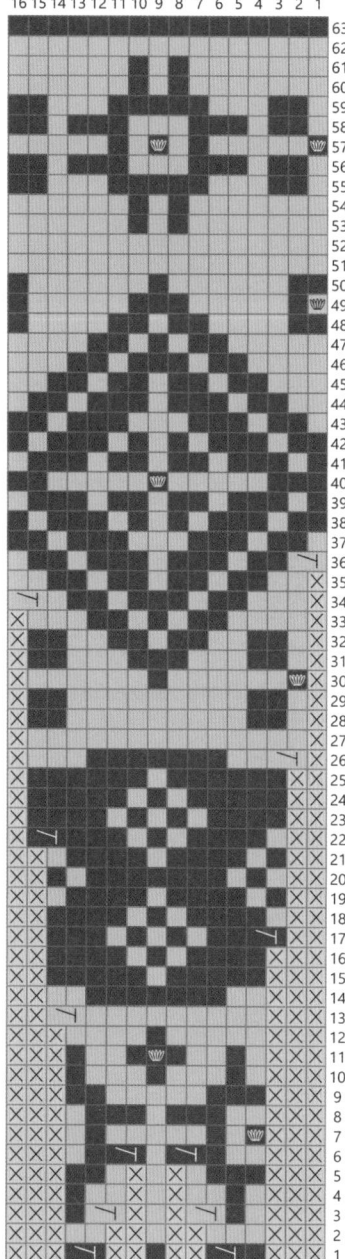

- ■ 배색실1
- ▨ 배색실2
- ⊤ 겉뜨기1, 왼코늘림
- ♛ 방울뜨기
- ✕ 코 없음

밑단 무늬

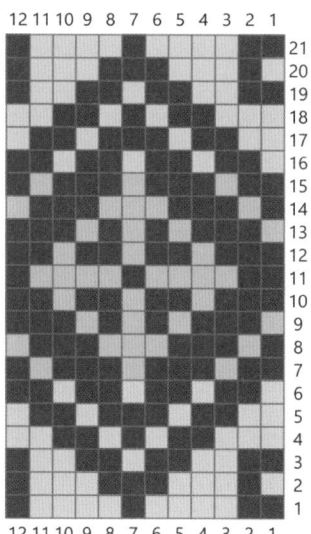

- ▨ 바탕실
- ■ 배색실1
- ▨ 배색실2

소매 무늬

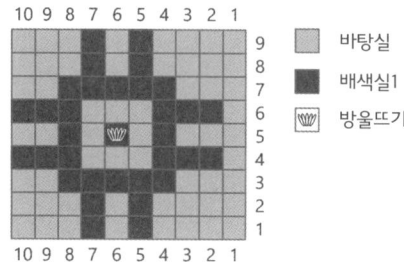

- ▨ 바탕실
- ■ 배색실1
- ♛ 방울뜨기

6

INCANDESCENT
인캔데슨트 비니

인캔데슨트 비니는 로맨틱한 장미 배색무늬와 겹단이 특징입니다. '눈부시게 밝다'는 이름대로,
자연스럽게 그러데이션되는 배색실이 바탕색과 대비되어 놀라운 효과를 만들어냅니다.

사이즈
M
머리둘레 55cm

실
라 비앵 에메La Bien Aimée의 메리노 싱글스Merino Singles 그리고 스네일얀SnailYarn의 메리노 싱글스Merino Singles (슈퍼워시 메리노울 100%, 1합, 366m—100g), 혹은 다른 핑거링 굵기의 실.
사진 속 작품은 로움Loam(바탕실)과 비리디언 그래디언트 세트Viridian gradient set(배색실)를 사용했다.
바탕실: 1타래
배색실: 1세트

실 소요량
바탕실: 180m
배색실: 100m

바늘
40cm 길이 줄바늘 2.75mm, 3.0mm
정수리 코줄임할 때 사용할 장갑바늘 3.0mm
정확한 게이지 치수를 얻기 위해 필요하다면 바늘 호수를 조절한다.

게이지
3.0mm 바늘을 사용해서 원통뜨기로 배색뜨기, 26코×37단=10×10cm(블로킹 후).

그 외 준비물
단코표시링 5개, 자투리실, 코바늘, 돗바늘

완성 치수
A. 둘레: 50cm
B. 높이: 24.5cm

만드는 법
코바늘과 자투리실을 사용해서, 별실코잡기로 2.75mm 바늘에 130코 만든다.
세팅 단(겉면): 바탕실을 사용해서, 단 끝까지 겉뜨기한다. 단코표시링을 걸어 단 시작을 표시하고 원통으로 잇는다.
다음 단(겉면): (꼬아뜨기로 겉뜨기1, 안뜨기1)을 단 끝까지 반복한다. 동일한 꼬아고무뜨기로 31단 더 뜬다.
별실코잡기 실을 조심해서 풀어내 다른 바늘에 코를 줍는다. 고무뜨기 부분을 반으로 접어, 안면이 서로 마주 보게 한다. 다음 설명과 같이 코 잡은 가장자리와 함께 2코(고무뜨기한 바늘의 1코+별실에서 주운 바늘의 1코)를 겹쳐뜬다.
다음 단(겉면): *각 바늘의 1코를 겹쳐뜬다*, *~*를 단 끝까지 반복하고, 계속해서 더 큰 호수의 바늘로 진행할 것이다.
3.0mm 바늘로 바꾼다.
배색실을 연결해서 장미 무늬를 뜬다. 이 무늬는 각 단마다 5회 반복된다. 원한다면, 반복 사이에 단코표시링을 사용해서 표시해도 좋다.
정수리 코줄임은 59단에서 시작한다. 줄바늘로 뜨기에 머리둘레 콧수가 너무 줄어들면 장갑바늘로 바꾼다.
무늬 도안대로 완성하면 총 10코가 된다. 15cm 정도 남기고 바탕실과 배색실 둘 다 자른다.
바탕실을 남은 코 사이로 두 번 통과시키고 단단히 당겨 매듭짓는다. 편물의 안면에 실끝을 정리한다.

장미 무늬

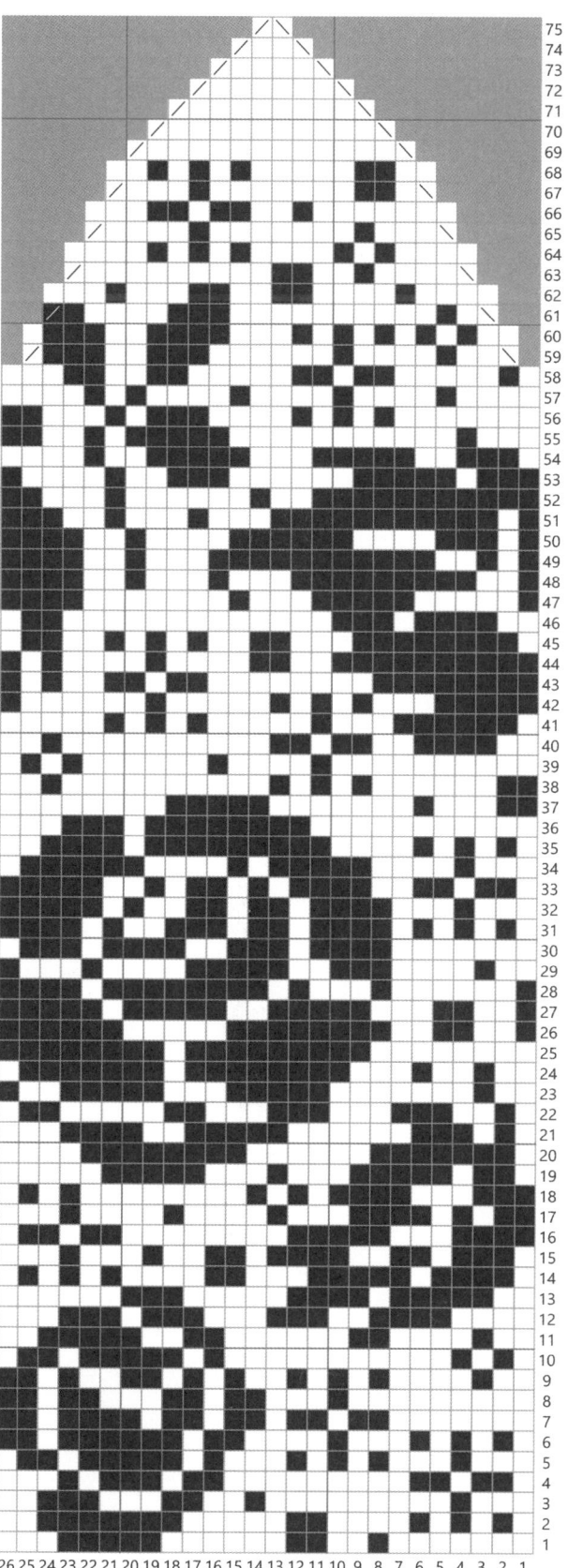

7

FOLIAGE
폴리지 스웨터

이 스웨터는 솔기 없이 위에서 아래로 내려 뜹니다. 둥근 요크와 손목에서 나뭇잎 무늬가 반복됩니다. 그래서 '나뭇잎'이라는 뜻의 이름을 붙였어요. 배색 1코고무뜨기로 깔끔하게 마무리했습니다.

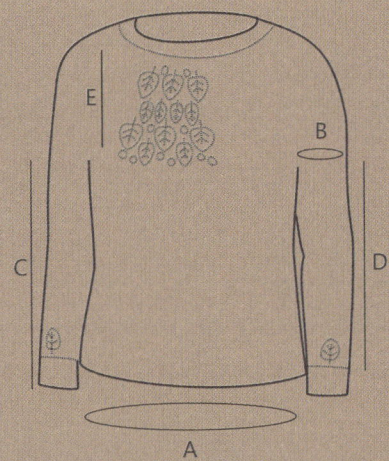

사이즈
XXS-XS-S-M1 [M2-L1-L2-XL] 2XL-3XL-4XL-5XL
이 카디건은 여유분을 주어 디자인했다. 실제 가슴둘레에 약 8cm 여유분을 더한 사이즈를 선택하면 된다.

실
더 파이버The Fibre Co.의 컴브리아 핑거링Cumbria Fingering(메리노울 60%, 마샴 울 30%, 모헤어 10%, 300m—100g), 혹은 다른 핑거링 굵기의 실.
사진 속 작품은 배로Barrow(바탕실)와 캣벨스Catbells(배색실) 색상을 사용했다.
바탕실: 4-4-4-4 [5-5-5-5] 6-6-6-7타래
배색실: 1-1-1-1 [1-1-1-1] 1-2-2-2타래

실 소요량
바탕실: 980-1000-1100-1160 [1220-1300-1370-1430] 1550-1670-1760-1880m
배색실: 190-200-235-235 [245-245-260-280] 300-330-335-350m

바늘
100cm 길이 줄바늘 3.5mm
소매를 뜰 때 장갑바늘을 선호한다면 장갑바늘 3.5mm
정확한 게이지 치수를 얻기 위해 필요하다면 바늘 호수를 조절한다.

게이지
원통뜨기로 메리야스뜨기와 배색뜨기, 23코×29단=10×10cm(블로킹 후)

그 외 준비물
단코표시링 4개, 돗바늘

완성 치수
A. 가슴·허리·엉덩이둘레: 94-101-103.5-109.5 [114-120-123.5-130.5] 139-149.5-158.5-168.5cm
B. 위팔둘레: 33-33-35.5-35.5 [41-41-42.5-42.5] 45-47-49.5-51.5cm
C. 소매길이: 42.5-42.5-44-44 [46.5-46.5-47.5-47.5] 49-49-49-49cm
D. 진동 중심에서 잰 몸판길이: 38cm
E. 진동길이: 24-25.5-25.5-27 [27-28.5-28.5-29] 30.5-31.5-33-34.5cm

만드는 법

바탕실과 배색실을 사용해서 (엄지에는 배색실, 검지에는 바탕실을 쥐고) 일반코잡기로, 110-110-114-114 [114-114-114-116] 114-114-120-120코 만든다, 단코표시링을 걸어 단 시작을 표시하고 원통으로 잇는다.

다음 단(겉면): (바탕실을 사용해서 겉뜨기1, 배색실을 사용해서 안뜨기1)을 단 끝까지 반복한다. 이 고무뜨기로 9단 더 뜬다.

다음 단: 바탕실을 사용해서, 단 끝까지 겉뜨기한다.

다음 단(M1 [M2-L1-L2] 2XL-3XL-5XL 사이즈만 해당): 바탕실을 사용해서, *겉뜨기19 [7-7-7] 3-3-3, 왼코늘림, 겉뜨기19 [7-7-7] 4-3-3, 왼코늘림*, *~*를 왼손 바늘에 0 [2-2-2] 9-6-0코 남을 때까지 반복한다, 겉뜨기0 [2-2-2] 3-6-0, 왼코늘림을 0 [0-0-0] 1-0-0회 반복한다, 단 끝까지 겉뜨기한다. (총 120 [130-130-130] 145-150-160코)

다음 단(XL-4XL 사이즈만 해당): 바탕실을 사용해서, 겉뜨기5-3, 왼코늘림, *겉뜨기6-4, 왼코늘림*, *~*를 왼손 바늘에 3-1코 남을 때까지 반복한다, 단 끝까지 겉뜨기한다. (총 135-150코)

다음 단(S 사이즈만 해당): 바탕실을 사용해서, 겉뜨기1, 왼코늘림, 단 끝까지 겉뜨기한다. (총 115코)

다음 단: 바탕실을 사용해서, 단 끝까지 겉뜨기한다.

요크

각 단마다 무늬 도안을 22-22-23-24 [26-26-26-27] 29-30-30-32회 반복하며 요크 무늬를 뜬다. (총 352-352-368-384 [416-416-416-432] 464-480-480-512코)

요크 무늬를 완성하면 배색실을 자르고, 다음 설명과 같이 단코표시링을 걸어 표시하고 되돌아뜨기로 경사를 만든다. 첫 번째 되돌아뜨기는 소매에서 이뤄지고 마지막 되돌아뜨기는 앞판에서 이뤄진다.

세팅 단: 바탕실을 사용해서, 겉뜨기52-54-56-59 [62-63-63-67] 72-76-77-83(뒤판), 단코표시링 건다, 겉뜨기72-68-73-74 [85-82-82-82] 88-88-86-90(오른쪽 소매), 단코표시링 건다, 겉뜨기104-108-111-118 [123-126-126-134] 144-152-154-166(앞판), 단코표시링 건다, 겉뜨기72-68-73-74 [85-82-82-82] 88-88-86-90(왼쪽 소매), 단코표시링 건다, 단 끝까지 겉뜨기한다, 단코표시링 제거한다, 다음 단코표시링까지 겉뜨기한다. 이제 단 시작은 뒤판과 오른쪽 소매 사이에 있다.

1단(겉면): 단코표시링 10코 전까지 겉뜨기한다, 랩앤턴.

2단(안면): *단코표시링까지 안뜨기한다, 단코표시링 옮긴다*, *~*를 1회 더 반복한다, 다음 단코표시링 10코 전까지 안뜨기한다, 랩앤턴.

3단: 단코표시링을 옮겨가며 되돌아뜨기 코를 만날 때까지 겉뜨기한다, 되돌아뜨기 코와 감긴 가닥을 함께 겉뜨기한다, 겉뜨기4, 랩앤턴.

4단: 단코표시링을 옮겨가며 되돌아뜨기 코를 만날 때까지 안뜨기한다, 되돌아뜨기 코와 감긴 가닥을 함께 안뜨기한다, 안뜨기4, 랩앤턴. 3~4단을 2회 더 반복한다.

9단: 단코표시링을 옮겨가며 되돌아뜨기 코를 만날 때까지 겉뜨기한다, 되돌아뜨기 코와 감긴 가닥을 함께 겉뜨기한다, 겉뜨기8, 랩앤턴.

10단: 단코표시링을 옮겨가며 되돌아뜨기 코를 만날 때까지 안뜨기한다, 되돌아뜨기 코와 감긴 가닥을 함께 안뜨기한다, 안뜨기8, 랩앤턴. 9~10단을 1회 더 반복한다.

다음 단(겉면): *단코표시링을 옮겨가며 되돌아뜨기 코를 만날 때까지 겉뜨기한다, 되돌아뜨기 코와 감긴 가닥을 함께 겉뜨기한다*, *~*를 1회 더 반복한다, 단 끝까지 겉뜨기한다.

계속해서 요크 앞판 편물이 넥밴드 꼭대기에서 재서 24-25.5-25.5-27 [27-28.5-28.5-29] 30.5-31.5-33-34.5cm가 될 때까지 메리야스 뜨기한다.

몸판

세팅 단(겉면): *단코표시링 제거한다, 다음 72-68-73-74 [85-82-82-82] 88-88-86-90코를 안전핀에 옮겨 쉼코로 둔다, 감아코잡기로 2-4-4-4 [4-6-8-8] 8-10-14-14코 만든다, 단코표시링 건다, 감아코잡기로 2-4-4-4 [4-6-8-8] 8-10-14-14코 만든다, 단코표시링 제거한다, 단코표시링까지 겉뜨기한다*, *~*를 1회 더 반복한다. 이제 단 시작은 오른쪽 진동 중심에 있다. (총 216-232-238-252 [262-276-284-300] 320-344-364-388코)

다음 단: 단 끝까지 겉뜨기한다.

계속해서 몸판 편물이 진동 중심에서 재서 35cm가 될 때까지 혹은 원하는 길이보다 3cm 모자랄 때까지 메리야스뜨기한다.

다음 단: (겉뜨기1, 안뜨기1)을 단 끝까지 반복한다.

이 고무뜨기로 11단 더 뜬다. 고무뜨기하면서 코막음한다.

소매

쉼코로 두었던 소매 코를 다시 바늘로 옮긴다.

세팅 단(겉면): 바탕실을 사용해서 진동 중심에서 시작해, 2-4-4-4 [4-6-8-8] 8-10-14-14코 줍는다, 소매 코를 겉뜨기한다, 진동에서 2-4-5-4 [5-6-8-8] 8-10-14-14코 줍는다, 단코표시링을 걸어 단 시작을 표시하고 원통으로 잇는다. (총 76-76-82-82 [94-94-98-98] 104-108-114-118코)

겉뜨기로 23단 뜬다.

코줄임 단: 겉뜨기1, 왼코줄임, 왼손 바늘에 3코 남을 때까지 겉뜨기한다, 오른코줄임, 겉뜨기1. (2코 줄어듦)

코줄임 단을 7-7-5-5 [5-5-5-5] 4-5-4-4번째 단마다 9-9-12-12 [14-14-16-16] 19-17-20-22회 더 반복한다. (총 56-56-56-56 [64-64-64-64] 64-72-72-72코)

계속해서 소매가 진동 중심에서 재서 33-33-34.5-34.5 [37-37-38-38] 39.5-39.5-39.5-39.5cm가 될 때까지 혹은 원하는 길이에서 9.5cm 모자랄 때까지 코줄임 없이 평단으로 진행한다.

배색실을 연결해서 각 단마다 무늬 도안을 7-7-7-7 [8-8-8-8] 8-9-9-9회 반복하며 소매 무늬를 뜬다.

다음 단: 바탕실을 사용해서 단 끝까지 겉뜨기한다.

다음 단: (바탕실을 사용해서 겉뜨기1, 배색실을 사용해서 안뜨기1)을 단 끝까지 반복한다.

이 고무뜨기로 11단 더 뜬다.

배색실을 자르고 바탕실로 고무뜨기하면서 코막음한다.

요크 무늬, XXS-XS-S-M1 사이즈

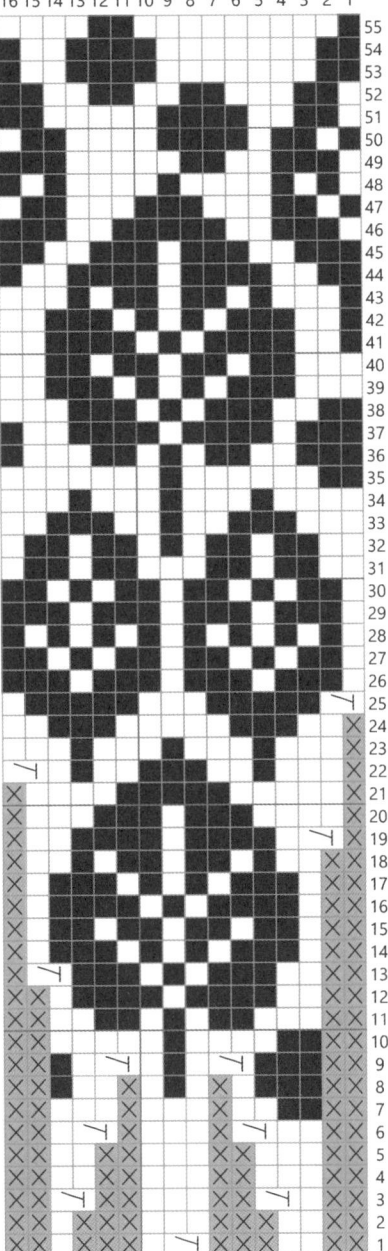

요크 무늬, [M2-L1-L2-XL] 2XL-3XL-4XL-5XL 사이즈

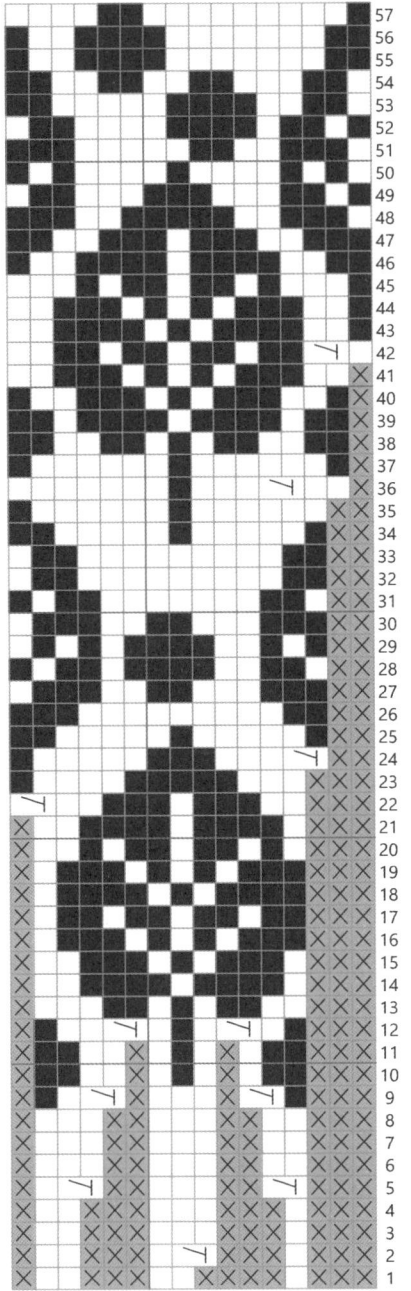

⌐	겉뜨기1, 왼코늘림
☐	바탕실
■	배색실
✕	코 없음

소매 무늬

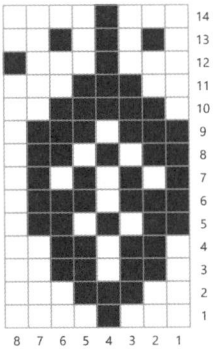

8

LEHTO
레토 스웨터

이 스웨터는 솔기 없이 위에서 아래로 내려 뜹니다. 둥근 요크에 사랑스러운 나뭇잎 무늬가 있습니다.
몸판은 박시하고 밑단은 짧습니다. 레토는 핀란드어로 '숲'을 뜻합니다.

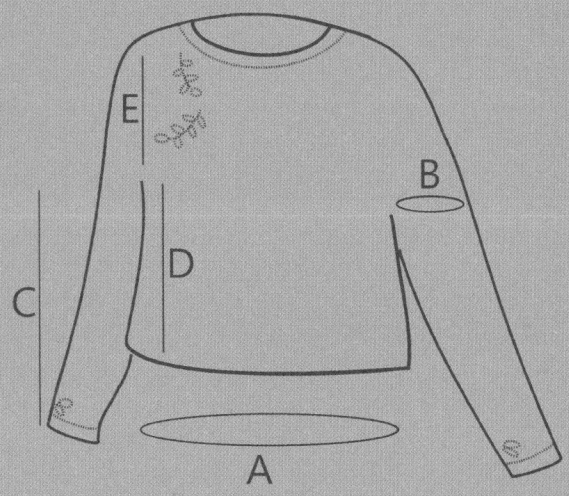

사이즈
XXS-XS-S-M1 [M2-L1-L2-XL] 2XL-3XL-4XL-5XL
이 스웨터는 여유분을 주어 디자인했다. 실제 가슴둘레에 약 8cm 여유분을 더한 사이즈를 선택하면 된다.

실
존 아번 텍스타일John Arbon Textiles의 야나델릭Yarnadelic(포클랜드 코리데일 울 100%, 333m—100g), 혹은 다른 스포트 굵기의 실. 사진 속 작품은 더 뷰티풀 원스The Beautiful Ones(바탕실)와 하모니움Harmonium(배색실) 색상을 사용했다.
바탕실: 3-3-3-3 [4-4-4-4] 5-5-5-6타래
배색실: 1타래

실 소요량
바탕실: 800-850-940-1000 [1055-1120-1175-1260] 1410-1505-1640-1775m
배색실: 140-155-170-180 [200-215-225-240] 290-300-315-330m

바늘
100cm 길이 줄바늘 3.75mm
소매를 뜰 때 장갑바늘을 선호한다면 장갑바늘 3.75mm
정확한 게이지 치수를 얻기 위해 필요하다면 바늘 호수를 조절한다.

게이지
원통뜨기로 메리야스뜨기와 배색뜨기, 24코×29단=10×10cm(블로킹 후)

그 외 준비물
단코표시링 4개, 돗바늘

완성 치수
A. 가슴·허리·엉덩이둘레: 86.5-91.5-96.5-100 [106-110-116.5-125] 138.5-143.5-153.5-168.5cm
B. 위팔둘레: 29-30-32.5-33 [35-36.5-38.5-39.5] 43.5-46-51-54cm
C. 소매길이: 43-44-44-44 [45-45-45.5-46] 46-46-46-46cm
D. 진동 중심에서 잰 몸판길이: 29cm
E. 진동길이: 20-20-20.5-21.5 [22-23-23.5-24] 25.5-27-27.5-29cm

만드는 법

바탕실로 둥근코잡기 기법을 사용해서, 102-102-102-102 [106-104-104-108] 108-112-110-110코 만든다. 원통으로 잇고 단코표시링을 걸어 단 시작을 표시한다.

다음 단(겉면): (꼬아뜨기로 겉뜨기1, 안뜨기1)을 단 끝까지 반복한다. 이 꼬아고무뜨기로 9단 더 뜬다.

다음 단: 단 끝까지 겉뜨기한다.

다음 단(XXS-XS-S-M1 [M2-L1-L2-XL] 4XL-5XL 사이즈만 해당): *겉뜨기8-8-5-4 [4-3-3-2] 11-7, 왼코늘림, 겉뜨기9-9-6-4 [4-3-3-3] 11-8, 왼코늘림*, 왼손 바늘에 0-0-3-6 [2-2-2-3] 0-5코 남을 때까지 *~*를 반복한다, 단 끝까지 겉뜨기한다. (총 114-114-120-126 [132-138-138-150] 120-124코)

다음 단(XXS-XS-S-M1 [M2-L1-L2-XL] 4XL-5XL 사이즈만 해당): 단 끝까지 겉뜨기한다.

요크

각 단마다 무늬 도안을 19-19-20-21 [22-23-23-25] 27-28-30-31회 반복하며 요크 무늬를 뜬다. 사이즈에 따라 무늬 도안이 다르니 주의한다. (총 323-323-340-357 [374-391-391-425] 459-476-510-527코)

요크 무늬를 완성하면, 배색실을 자른다.

다음 단(XXS-XS-M1 [L1-L2-XL] 2XL-5XL 사이즈만 해당): 왼코늘림, 단 끝까지 겉뜨기한다. (총 324-324-358 [392-392-426] 460-528코)

다음과 같이 단코표시링을 걸어 표시하고 되돌아뜨기로 경사를 만든다. 첫 번째 되돌아뜨기는 소매에서 이뤄지고 마지막 되돌아뜨기는 앞판에서 이뤄진다.

세팅 단: 바탕실을 사용해서 겉뜨기49-50-52-55 [58-60-61-67] 73-75-79-84(뒤판), 단코표시링 건다, 겉뜨기64-62-66-69 [72-76-74-79] 84-88-97-96(오른쪽 소매), 단코표시링 건다, 겉뜨기98-100-104-110 [115-120-122-134] 146-150-158-168(앞판), 단코표시링 건다, 겉뜨기64-62-66-69 [72-76-74-79] 84-88-97-96(왼쪽 소매), 단코표시링 건다, 단 끝까지 겉뜨기한다, 단코표시링 제거한다, 다음 단코표시링까지 겉뜨기한다. 이제 단 시작은 뒤판과 오른쪽 소매 사이에 있다.

1단(겉면): 단코표시링 10코 전까지 겉뜨기한다, 랩앤턴.
2단(안면): *단코표시링까지 안뜨기한다, 단코표시링 옮긴다*, *~*를 1회 더 반복한다, 단코표시링 10코 전까지 안뜨기한다, 랩앤턴.
3단: 단코표시링을 옮겨가며 되돌아뜨기 코를 만날 때까지 겉뜨기한다, 되돌아뜨기 코와 감긴 가닥을 함께 겉뜨기한다, 겉뜨기4, 랩앤턴.
4단: 단코표시링을 옮겨가며 되돌아뜨기 코를 만날 때까지 안뜨기한다, 되돌아뜨기 코와 감긴 가닥을 함께 안뜨기한다, 안뜨기4, 랩앤턴.
3~4단을 2회 더 반복한다.
9단: 단코표시링을 옮겨가며 되돌아뜨기 코를 만날 때까지 겉뜨기한다, 되돌아뜨기 코와 감긴 가닥을 함께 겉뜨기한다, 겉뜨기8, 랩앤턴.
10단: 단코표시링을 옮겨가며 되돌아뜨기 코를 만날 때까지 안뜨기한다, 되돌아뜨기 코와 감긴 가닥을 함께 안뜨기한다, 안뜨기8, 랩앤턴.
9~10단을 1회 더 반복한다.
다음 단(겉면): *단코표시링을 옮겨가며 되돌아뜨기 코를 만날 때까지 겉뜨기한다, 되돌아뜨기 코와 감긴 가닥을 함께 겉뜨기한다*, *~*를 1회 더 반복한다, 단 끝까지 겉뜨기한다.

계속해서 앞판 편물이 (코를 잡은 가장자리에서 재서) 20-20-20.5-21.5 [22-23-23.5-24] 25.5-27-27.5-29cm가 될 때까지 메리야스뜨기한다.

몸판

세팅 단(겉면): *단코표시링 제거한다, 다음 64-62-66-69 [72-76-74-79] 84-88-97-96코를 안전핀에 옮겨 쉼코로 둔다, 감아코잡기로 3-5-6-5 [6-6-9-8] 10-11-13-17코 만든다, 단코표시링 건다, 감아코잡기로 3-5-6-5 [6-6-9-8] 10-11-13-17코 만든다, 단코표시링 제거한다, 단코표시링까지 겉뜨기한다*, *~*를 1회 더 반복한다. 이제 단 시작은 오른쪽 진동 중심에 있다. (총 208-220-232-240 [254-264-280-300] 332-344-368-404코)

원한다면 여기서 가슴 다트를 넣어도 좋다. 컵 사이즈에 따라 가슴에서 가장 높은 곳(가장 넓은 부분)에서 다트를 넣는다. 이 지점이 가장 높은 곳이 아니라면, 몸판을 좀 더 진행하다가 가슴 다트를 넣어도 좋다. 이미 그 지점을 지났다면, 즉시 가슴 다트를 넣는다.

C/D컵 가슴 다트

1단(겉면): 왼쪽 옆선 단코표시링 13-14-15-15 [16-17-18-19] 21-22-23-26코 전까지 겉뜨기한다, 랩앤턴.
2단(안면): 오른쪽 옆선 단코표시링 13-14-15-15 [16-17-18-19] 21-22-23-26코 전까지 안뜨기한다, 랩앤턴.
3단: 마지막 되돌아뜨기 4-5-5-5 [5-5-6-6] 7-7-8-8코 전까지 겉뜨기한다, 랩앤턴.
4단: 마지막 되돌아뜨기 4-5-5-5 [5-5-6-6] 7-7-8-8코 전까지 안뜨기한다, 랩앤턴.
3~4단을 2회 더 반복한다.
9단(겉면): *되돌아뜨기 코를 만날 때까지 겉뜨기한다, 되돌아뜨기 코와 감긴 가닥을 함께 겉뜨기한다*, *~*를 3회 더 반복한다, 단 끝까지 겉뜨기하고 계속해서 원통뜨기로 진행한다.
10단(겉면): 남은 되돌아뜨기 코를 만나면 감긴 가닥과 함께 겉뜨기하면서, 단 끝까지 겉뜨기한다.

E/F컵 가슴 다트

1단(겉면): 왼쪽 옆선 단코표시링 13-14-15-15 [16-17-18-19] 21-22-23-26코 전까지 겉뜨기한다, 랩앤턴.
2단(안면): 오른쪽 옆선 단코표시링 13-14-15-15 [16-17-18-19] 21-22-23-26코 전까지 안뜨기한다, 랩앤턴.
3단: 마지막 되돌아뜨기 3-4-4-4 [4-4-4-5] 5-5-6-6코 전까지 겉뜨기한다, 랩앤턴.
4단: 마지막 되돌아뜨기 3-4-4-4 [4-4-4-5] 5-5-6-6코 전까지 안뜨기한다, 랩앤턴.

3~4단을 3회 더 반복한다.

11단(겉면): *되돌아뜨기 코를 만날 때까지 겉뜨기한다, 되돌아뜨기 코와 감긴 가닥을 함께 겉뜨기한다*, *~*를 4회 더 반복한다, 단 끝까지 겉뜨기하고 계속해서 원통뜨기로 진행한다.

12단(겉면): 남은 되돌아뜨기 코를 만나면 감긴 가닥과 함께 겉뜨기하면서, 단 끝까지 겉뜨기한다.

G/H컵 가슴 다트

1단(겉면): 왼쪽 옆선 단코표시링 13-14-15-15 [16-17-18-19] 21-22-23-26코 전까지 겉뜨기한다, 랩앤턴.

2단(안면): 오른쪽 옆선 단코표시링 13-14-15-15 [16-17-18-19] 21-22-23-26코 전까지 안뜨기한다, 랩앤턴.

3단: 마지막 되돌아뜨기 3-3-3-3 [3-3-3-4] 4-4-5-5코 전까지 겉뜨기한다, 랩앤턴.

4단: 마지막 되돌아뜨기 3-3-3-3 [3-3-3-4] 4-4-5-5코 전까지 안뜨기한다, 랩앤턴.

3~4단을 4회 더 반복한다.

13단(겉면): *되돌아뜨기 코를 만날 때까지 겉뜨기한다, 되돌아뜨기 코와 감긴 가닥을 함께 겉뜨기한다*, *~*를 5회 더 반복한다, 단 끝까지 겉뜨기하고 계속해서 원통뜨기로 진행한다.

14단(겉면): 남은 되돌아뜨기 코를 만나면 감긴 가닥과 함께 겉뜨기하면서, 단 끝까지 겉뜨기한다.

가슴 다트를 뜬 후

계속해서 몸판 편물이 진동 중심에서 재서 25cm가 될 때까지 메리야스뜨기한다.

꼬아고무뜨기(꼬아뜨기로 겉뜨기1, 안뜨기1)로 12단 뜬다. 고무뜨기하면서 코막음하거나 이탈리아식 코막음(1코고무뜨기 돗바늘 마무리) 기법을 사용한다.

소매

쉼코로 두었던 소매 코를 다시 바늘로 옮긴다.

세팅 단(겉면): 바탕실을 사용해서 진동 중심에서 시작해, 3-5-6-5 [6-6-9-8] 10-11-13-17코 줍는다, 소매 코를 겉뜨기한다, 진동에서 3-5-6-5 [6-6-9-8] 10-11-13-17코 줍는다, 단코표시링을 걸어 단 시작을 표시하고 원통으로 잇는다. (총 70-72-78-79 [84-88-92-95] 104-110-123-130코)

겉뜨기로 8-8-8-8 [8-8-2-2] 2-2-2-2단 뜬다.

코줄임 단: 겉뜨기1, 왼코줄임, 왼손 바늘에 3코 남을 때까지 겉뜨기한다, 오른코줄임, 겉뜨기1. (2코 줄어듦)

코줄임 단을 6-6-5-6 [5-5-5-4] 4-4-3-3번째 단마다 14-15-18-14 [17-19-21-22] 23-26-32-32회 더 반복한다. (총 40-40-40-49 [48-48-48-49] 56-56-57-64코)

다음 단(M1 [XL] 4XL 사이즈만 해당): 겉뜨기1, 왼코줄임, 단 끝까지 겉뜨기한다. (1코 줄어듦)

계속해서 소매 편물이 진동 중심에서 재서 36-37-37-37 [38-38-38.5-39] 39-39-39-39cm가 될 때까지 혹은 원하는 길이에서 7cm 모자랄 때까지 코줄임 없이 평단으로 진행한다.

배색실을 연결해서 소매 무늬를 뜬다. 배색실을 자르고 바탕실로 1단 뜬다.

꼬아고무뜨기(꼬아뜨기로 겉뜨기1, 안뜨기1)로 10단 뜬다. 고무뜨기하면서 코막음하거나 이탈리아식 코막음 기법을 사용한다.

요크 무늬, XXS-XS-S-M1 [M2-L1-L2-XL] 사이즈

요크 무늬, 2XL-3XL-4XL-5XL 사이즈

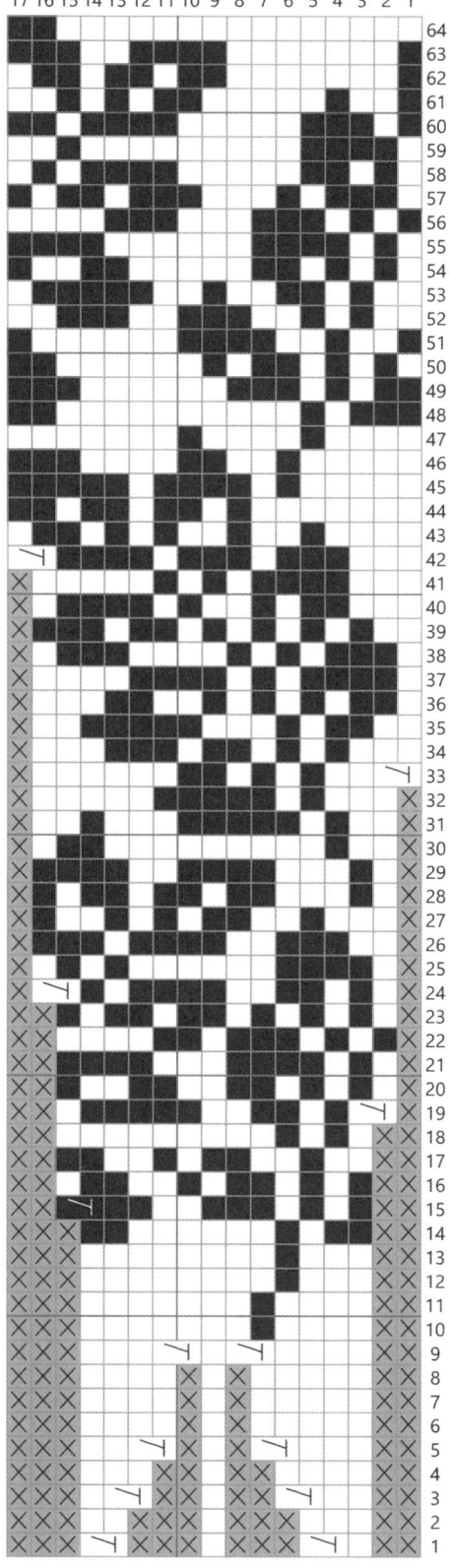

범례
- □ 바탕실
- ■ 배색실
- ⊤ 겉뜨기1, 왼코늘림
- ✕ 코 없음

소매 무늬

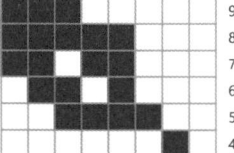

9

EVERYTHING'S COMING UP ROSES
에브리씽스 커밍 업 로지스 스웨터

로맨틱한 장미 배색무늬가 있는 편안한 스웨터입니다. 솔기 없이 위에서 아래로 내려 뜹니다.
긴 래글런 소매에, V넥 그리고 A라인 형태입니다. 밑단은 뒤쪽이 조금 더 깁니다.

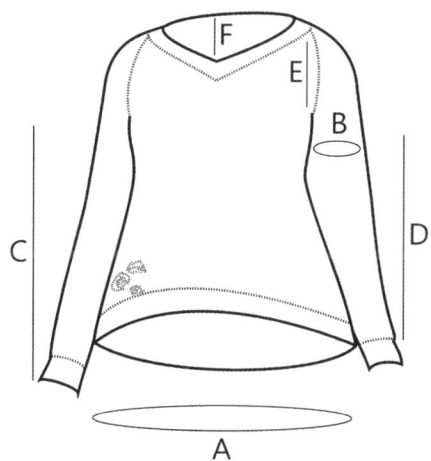

사이즈
XXS-XS-S-M1 [M2-L1-L2-XL] 2XL-3XL-4XL-5XL
이 스웨터는 여유분을 주어 디자인했다. 실제 가슴둘레에 약 10cm 여유분을 더한 사이즈를 선택하면 된다.

실
라 비앵 에메La Bien Aimée의 메리노 싱글스Merino Singles(슈퍼워시 메리노울 100%, 1합, 366m—100g), 혹은 다른 핑거링 굵기의 실.
사진 속 작품은 롬Loam(바탕실) 그리고 발레Ballet(배색실) 색상을 사용했다.
바탕실: 4-4-4-4 [5-5-5-5] 6-6-7-7타래
배색실: 1타래

실 소요량
바탕실: 1210-1320-1345-1440 [1510-1590-1670-1795] 1970-2085-2290-2440m
배색실: 160-175-175-190 [190-205-205-220] 235-250-270-285m

바늘
100cm 길이 줄바늘 3.25mm, 3.5mm
소매를 뜰 때 장갑바늘을 선호한다면 장갑바늘 3.25mm
정확한 게이지 치수를 얻기 위해 필요하다면 바늘 호수를 조절한다.

게이지
3.5mm 바늘을 사용해서 원통뜨기로 배색뜨기, 26코×36단=10×10cm(블로킹 후)
3.25mm 바늘을 사용해서 원통뜨기로 메리야스뜨기, 26코×38단=10×10cm(블로킹 후)

그 외 준비물
단코표시링 4개, 돗바늘

완성 치수
A. 가슴둘레: 86-92.5-97-103 [106-112.5-118.5-126] 138.5-146-155.5-169cm
A. 엉덩이둘레: 100-110-110-120 [120-130-130-140] 150-160-170-180cm
B. 위팔둘레: 28.5-30-31.5-32.5 [34.5-35.5-37.5-40] 43-44.5-51-54cm
C. 소매길이: 48.5-49.5-49.5-49.5 [50-50-50.5-51] 51-51-51-51cm
D. 진동 중심에서 잰 몸판길이(앞판): 40cm
D. 진동 중심에서 잰 몸판길이(뒤판): 47cm
E. 진동길이: 19.5-20-20-20.5 [21.5-22-22.5-23.5] 25.5-26.5-27.5-29cm
F. 앞목파임: 14-14-14-14 [14-14-14-14] 16.5-16.5-16.5-16.5cm

만드는 법

3.25mm 바늘과 바탕실을 사용해서, 78-76-76-76 [74-74-74-74] 76-82-80-82코 만든다.

세팅 단(안면): 안뜨기2, 단코표시링 건다(오른쪽 앞판), 안뜨기12-10-10-10 [8-8-8-8] 6-8-6-6, 단코표시링 건다(오른쪽 소매), 안뜨기50-52-52-52 [54-54-54-54] 60-62-64-66, 단코표시링 건다(뒤판), 안뜨기12-10-10-10 [8-8-8-8] 6-8-6-6, 단코표시링 건다(왼쪽 소매), 안뜨기2(왼쪽 앞판).

래글런 코늘림과 네크라인

이제 다음의 설명과 같이 몸판과 소매 래글런 코늘림을 시작할 것이다. 동시에, 래글런 코늘림에 이어지는 설명과 같이 단 시작과 끝에서 네크라인 코늘림을 시작할 것이다.

1단(겉면 / 몸판과 소매 코늘림): *단코표시링 1코 전까지 겉뜨기한다, m1r코늘림, 겉뜨기1, 단코표시링 옮긴다, 겉뜨기1, m1l코늘림*, *~*를 3회 더 반복한다, 단 끝까지 겉뜨기한다.
2단(안면): 단코표시링을 옮겨가며, 단 끝까지 안뜨기한다. (8코 늘어남)

1~2단을 16-21-21-22 [26-25-26-26] 30-29-30-30회 더 반복하는데, 동시에 네크라인 코늘림도 진행한다.
이제 소매에 각각 46-54-54-56 [62-60-62-62] 68-68-68-68코, 뒤판에 84-96-96-98 [108-106-108-108] 122-122-126-128코, 앞판에 각각 32-43-43-45 [54-52-54-54] 61-60-63-64코 있다.

S-M1 [L1] 3XL 사이즈만 해당

1단(겉면 / 몸판 코늘림): *단코표시링 1코 전까지 겉뜨기한다, m1r코늘림, 겉뜨기1, 단코표시링 옮긴다, 단코표시링까지 겉뜨기한다, 단코표시링 옮긴다, 겉뜨기1, m1l코늘림*, *~*를 1회 더 반복한다, 단 끝까지 겉뜨기한다. (4코 늘어남)
2단(안면): 단코표시링을 만나면 옮겨가며, 단 끝까지 안뜨기한다.
3단(몸판과 소매 코늘림): *단코표시링 1코 전까지 겉뜨기한다, m1r코늘림, 겉뜨기1, 단코표시링 옮긴다, 겉뜨기1, m1l코늘림*, *~*를 3회 더 반복한다, 단 끝까지 겉뜨기한다.
4단: 2단과 동일하게 뜬다.

1~4단을 0-1 [0] 0회 더 반복하는데, 동시에 네크라인 코늘림을 진행한다. 이제 소매에 각각 56-60 [62] 70코, 뒤판에 100-106 [110] 126코, 앞판에 각각 47-53 [55] 63코 있다.

XXS-XS-S 사이즈만 해당

1단(겉면): 단코표시링을 만나면 옮겨가며, 단 끝까지 겉뜨기한다.
2단(안면): 단코표시링을 만나면 옮겨가며, 단 끝까지 안뜨기한다.
3단(몸판과 소매 코늘림): *단코표시링 1코 전까지 겉뜨기한다, m1r코늘림, 겉뜨기1, 단코표시링 옮긴다, 겉뜨기1, m1l코늘림*, *~*를 3회 더 반복한다, 단 끝까지 겉뜨기한다.
4단: 2단과 동일하게 뜬다.

1~4단을 4-2-1회 더 반복하는데, 동시에 네크라인 코늘림을 진행한다. 이제 소매에 각각 56-60-60코, 뒤판에 94-102-104코, 앞판에 각각 47-51-52코 있다.

네크라인 코늘림

몸판과 소매에서 래글런 코늘림을 진행하는 동시에, 3-3-3-3 [3-3-3-3] 3-3-3-1번째 단 시작과 끝에서 네크라인 코늘림을 시작한다.
네크라인 코늘림 단(겉면): 겉뜨기1, m1l코늘림, 단코표시링을 만나면 옮기고 래글런 코늘림하면서 왼손 바늘에 1코 남을 때까지 겉뜨기한다, m1r코늘림, 겉뜨기1.

네크라인 코늘림 단을 4번째 단마다 3-2-2-2 [1-1-1-1] 2-1-0-0회 더 반복한 다음 2번째 단마다 19-21-21-21 [23-23-23-23] 25-27-29-30회 반복한다.

설명한 방법대로 네크라인 코늘림과 래글런 코늘림을 완성하면, 바늘에 총 300-324-328-332 [340-344-340-340] 380-392-388-392코 있다, 뒤판 94-102-104-106 [108-110-108-108] 122-126-126-128코, 앞판 각각 47-51-52-53 [54-55-54-54] 61-63-63-64코, 소매 각각 56-60-60-60 [62-62-62-62] 68-70-68-68코.

앞판 연결하기

편물을 원통으로 이어 계속해서 래글런 코늘림한다.
세팅 단(겉면): 단코표시링을 만나면 옮겨가며, 단 끝까지 겉뜨기한다, 편물을 안면으로 뒤집지 않고 원통으로 이어 단코표시링까지 겉뜨기한다. 이제 단 시작은 앞판과 왼쪽 소매 사이에 있다.

M2-L2-XL] 2XL-4XL-5XL 사이즈만 해당

1단(겉면 / 몸판과 소매 코늘림): *겉뜨기1, m1l코늘림, 단코표시링 1코 전까지 겉뜨기한다, m1r코늘림, 겉뜨기1*, *~*를 3회 더 반복한다.
2단: 단 끝까지 겉뜨기한다.

1~2단을 [1-5-3] 2-8-3회 더 반복한다. (총 [356-388-372] 404-460-424코)

M1 [M2-L1-L2-XL] 2XL-3XL-4XL-5XL 사이즈만 해당

1단(겉면 / 몸판 코늘림): *단코표시링까지 겉뜨기한다, 단코표시링 옮긴다, 겉뜨기1, m1l코늘림, 단코표시링 1코 전까지 겉뜨기한다, m1r코늘림, 겉뜨기1, 단코표시링 옮긴다*, *~*를 1회 더 반복한다.
2단: 단코표시링을 만나면 옮겨가며, 단 끝까지 겉뜨기한다.
3단(몸판과 소매 코늘림): *겉뜨기1, m1l코늘림, 단코표시링 1코 전까지 겉뜨기한다, m1r코늘림, 겉뜨기1*, *~*를 3회 더 반복한다.
4단: 2단과 동일하게 뜬다.

1~4단을 1 [0-2-4-6] 6-8-5-9회 더 반복한다. (총 356 [368-380-448-456] 488-500-532-544코)

XXS-XS-S-M1 [M2-L1] 사이즈만 해당

1단(겉면): 단코표시링을 만나면 옮겨가며, 단 끝까지 겉뜨기한다.
2단: 1단과 동일하게 뜬다.
3단(몸판과 소매 코늘림): *겉뜨기1, m1l코늘림, 단코표시링 1코 전까지 겉뜨기한다, m1r코늘림, 겉뜨기1*, *~*를 3회 더 반복한다.

4단: 1단과 동일하게 뜬다.
1~4단을 4-4-4-3 [4-3]회 더 반복한다.
이제 바늘에 총 340-364-368-388 [408-412-448-456] 488-500-532-544코 있다. 뒤판과 앞판 각각 104-112-114-122 [126-130-140-144] 156-162-168-176코, 소매 각각 66-70-70-72 [78-76-84-84] 88-88-98-96코.

몸판
세팅 단(겉면): *단코표시링 제거한다, 다음 66-70-70-72 [78-76-84-84] 88-88-98-96코를 안전핀에 옮겨 쉼코로 둔다, 감아코잡기로 4-4-6-6 [6-8-7-10] 12-14-17-22코 만든다, 단코표시링 건다, 감아코잡기로 4-4-6-6 [6-8-7-10] 12-14-17-22코 만든다, 단코표시링 제거한다, 단코표시링까지 겉뜨기한다*, *~*를 1회 더 반복한다. 이제 단 시작은 왼쪽 진동 중심에 있다. (총 224-240-252-268 [276-292-308-328] 360-380-404-440코)

겉뜨기로 9-7-10-7 [9-9-7-12-9] 12-9-9-13단 뜬다.
코늘림 단(겉면): *겉뜨기2, m1l코늘림, 단코표시링 2코 전까지 겉뜨기한다, m1r코늘림, 겉뜨기2, 단코표시링 옮긴다*, *~*를 1회 더 반복한다. (4코 늘어남)
코늘림 단을 10-8-11-8 [10-8-13-10] 13-10-10-14번째 단마다 8-10-7-10 [8-10-6-8] 6-8-8-6회 더 반복한다. (총 260-284-284-312 [312-336-336-364] 388-416-440-468코)
다음 단(XS-S [L1-L2] 2XL-4XL 사이즈만 해당): *겉뜨기2, m1l코늘림, 단코표시링까지 겉뜨기한다, 단코표시링 옮긴다*, *~*를 1회 더 반복한다. (2코 늘어남)
계속해서 몸판 편물이 진동 중심에서 재서 26cm가 될 때까지 혹은 원하는 길이에서 14cm 모자랄 때까지 메리야스뜨기한다.
더 짧은 스웨터를 원한다면, 코늘림을 7-5-8-6 [7-5-9-7] 9-7-7-9번째 단마다 반복하고, 계속해서 몸판 편물이 진동 중심에서 재서 18cm가 될 때까지 메리야스뜨기한다. 이렇게 하면 몸판 길이는 앞판에서 쟀을 때 32cm, 뒤판에서 쟀을 때 39cm이다.

밑단
이제 되돌아뜨기로 뒤판의 밑단을 더 길게 만들 것이다.
1단(겉면): 단코표시링까지 겉뜨기한다, 단코표시링 옮긴다, 겉뜨기 35-37-40-41 [43-45-49-52] 58-61-65-71, 랩앤턴.
2단(안면): *단코표시링까지 안뜨기한다, 단코표시링 옮긴다*, *~*를 1회 더 반복한다, 안뜨기 35-37-40-41 [43-45-49-52] 58-61-65-71, 랩앤턴.
3단: 마지막 되돌아뜨기 6-6-7-7 [7-7-8-9] 9-10-12-12코 전까지 겉뜨기한다, 랩앤턴.
4단: 마지막 되돌아뜨기 6-6-7-7 [7-7-8-9] 9-10-12-12코 전까지 안뜨기한다, 랩앤턴.
3~4단을 1회 더 반복한다.
7단: 마지막 되돌아뜨기 4-4-4-4 [4-5-5-5] 6-6-6-7코 전까지 겉뜨기한다, 랩앤턴.
8단: 마지막 되돌아뜨기 4-4-4-4 [4-5-5-5] 6-6-6-7코 전까지 안뜨기한다, 랩앤턴.
7~8단을 6회 더 반복한다.
21단: 마지막 되돌아뜨기 9-9-10-10 [10-10-11-12] 12-13-15-15코 전까지 겉뜨기한다, 랩앤턴.
22단: 마지막 되돌아뜨기 9-9-10-10 [10-10-11-12] 12-13-15-15코 전까지 안뜨기한다, 랩앤턴.
21~22단을 2회 더 반복한다.
다음 단(겉면): 되돌아뜨기 코를 만나면 감긴 가닥을 함께 겉뜨기하고, 단코표시링을 옮겨가며 단 끝까지 겉뜨기한다.
다음 단(겉면): 남은 되돌아뜨기 코를 만나면 감긴 가닥을 함께 겉뜨기하고 단코표시링을 옮겨가며 단 끝까지 겉뜨기한다.
3.5mm 바늘로 바꾼다.
배색실을 연결해서 장미 무늬를 뜬다. 무늬는 각 단마다 10-11-11-12 [12-13-13-14] 15-16-17-18회 반복한다.
배색실을 자르고 3.25mm 바늘로 바꾼다.
다음 단(XS-S [L1-L2] 2XL-4XL 사이즈만 해당): *겉뜨기2, m1l코늘림, 단코표시링까지 겉뜨기한다, 단코표시링 옮긴다*, *~*를 1회 더 반복한다. (2코 늘어남)
다음 단: 단코표시링을 옮겨가며, (겉뜨기2, 안뜨기2)를 단 끝까지 반복한다.
이 고무뜨기로 15단 더 뜬다. 고무뜨기하면서 코막음한다.

소매
쉼코로 두었던 소매 코를 3.25mm 바늘로 옮긴다.
세팅 단(겉면): 바탕실을 사용해서 진동 중심에서 시작해, 4-4-6-6 [6-8-7-10] 12-14-17-22코 줍는다, 소매 코를 겉뜨기하고, 진동에서 4-4-6-6 [6-8-7-10] 12-14-17-22코 줍는다, 단코표시링을 걸어 단 시작을 표시하고 원통으로 잇는다. (총 74-78-82-84 [90-92-98-104] 112-116-132-140코)
겉뜨기로 19-19-19-19 [19-19-19-19] 5-5-5-5단 뜬다.
코줄임 단: 겉뜨기1, 왼코줄임, 왼손 바늘에 3코 남을 때까지 겉뜨기한다, 오른코줄임, 겉뜨기1. (2코 줄어듦)
코줄임 단을 12-11-11-10 [8-9-7-7] 7-6-5-5번째 단마다 12-14-14-15 [18-17-20-21] 23-25-31-33회 더 반복한다. (총 48-48-52-52 [52-56-56-60] 64-64-68-72코)
계속해서 소매 편물이 진동 중심에서 재서 44.5-46-46-46 [46.5-46.5-47-47.5] 47.5-47.5-47.5-47.5cm가 될 때까지 혹은 원하는 길이에서 3.5cm 모자랄 때까지 코줄임 없이 평단으로 진행한다.
다음 단: (겉뜨기2, 안뜨기2)를 단 끝까지 반복한다.
이 고무뜨기로 13단 더 뜬다. 고무뜨기하면서 코막음한다.

넥밴드
세팅 단(겉면): 3.25mm 바늘과 바탕실을 사용해서 V넥의 중심에서 시작해, 153-153-153-153 [149-149-149-149] 161-169-165-169코 줍는다, 단코표시링을 걸어 단 시작을 표시하고 원통으로 잇는다. (뒷목과 소매에서는 1코마다 1코 줍고, V넥에서는 3단마다 2코 줍는다)
1단: 겉뜨기1, 오른코줄임, 안뜨기1, (겉뜨기2, 안뜨기2)를 왼손 바늘에 5코 남을 때까지 반복한다, 겉뜨기2, 안뜨기1, 왼코줄임.

2단: 겉뜨기1, 오른코줄임, (겉뜨기2, 안뜨기2)를 왼손 바늘에 4코 남을 때까지 반복한다, 겉뜨기2, 왼코줄임.

3단: 겉뜨기1, 오른코줄임, 겉뜨기1, (안뜨기2, 겉뜨기2)를 왼손 바늘에 5코 남을 때까지 반복한다, 안뜨기2, 겉뜨기1, 왼코줄임.

4단: 겉뜨기1, 오른코줄임, (안뜨기2, 겉뜨기2)를 왼손 바늘에 4코 남을 때까지 반복한다, 안뜨기2, 왼코줄임.

1~4단을 반복하며, 총 10-10-10-10 [10-10-10-10] 16-16-16-16단 뜬다. 코막음한다.

장미 무늬

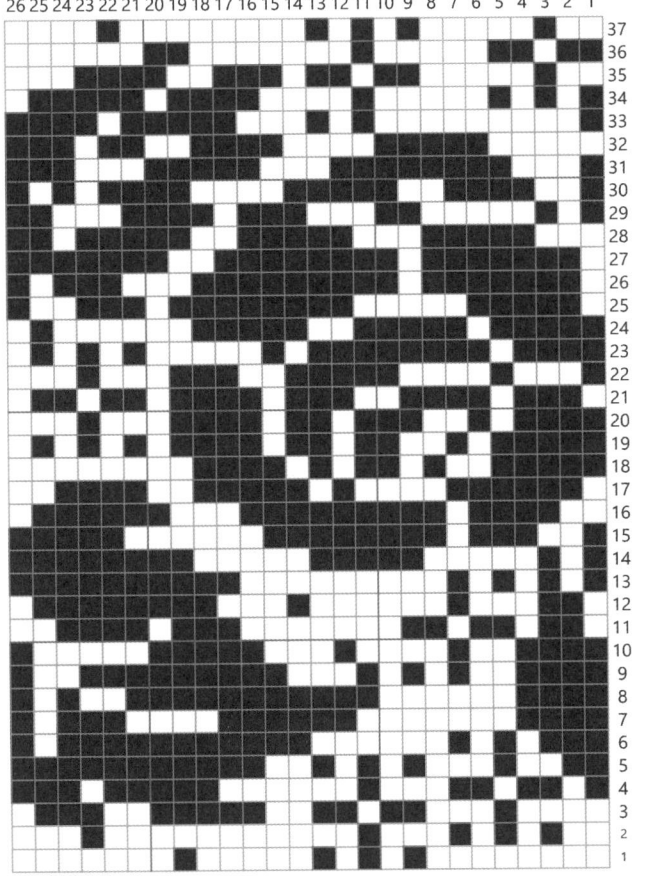

□ 바탕실
■ 배색실

10 ROSE HIP
로즈힙 스웨터

이 스웨터는 솔기 없이 위에서 아래로 내려 뜹니다. 둥근 요크에 사랑스러운 장미 무늬가 있고 이 무늬의 일부가 밑단과 소맷단에서 반복됩니다. 소매는 3/4 길이입니다.

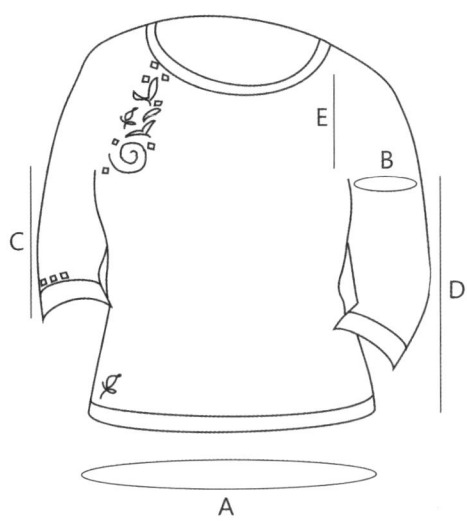

사이즈

XXS-XS-S-M1 [M2-L1-L2-XL] 2XL-3XL-4XL-5XL
이 스웨터는 여유분을 주어 디자인했다. 실제 가슴둘레에 약 12cm 여유분을 더한 사이즈를 선택하면 된다.

실

스핀사이클 얀스Spincycle Yarns의 와일더Wilder(메리노울 100%, 183m—50g) 그리고 다이드 인 더 울Dyed in the Wool(울 100%, 183m / 50g), 혹은 다른 스포트 굵기의 실.
사진 속 작품은 라이트그레이Light Gray(바탕실)와 선셋 스트립Sunset Strip(배색실) 색상을 사용했다.
바탕실: 5-6-6-6 [7-7-7-8] 9-9-10-11타래
배색실: 2-2-2-2 [2-2-2-2] 3-3-3-3타래

실 소요량

바탕실: 880-935-965-1030 [1115-1150-1235-1340] 1485-1575-1725-1885m
배색실: 260-270-275-290 [300-305-320-345] 425-440-470-485m

바늘

100cm 길이 줄바늘 3.75mm
소매를 뜰 때 장갑바늘을 선호한다면 장갑바늘 3.75mm
정확한 게이지 치수를 얻기 위해 필요하다면 바늘 호수를 조절한다.

게이지

원통뜨기로 메리야스뜨기와 배색뜨기, 23코×29단=10×10cm(블로킹 후)

그 외 준비물

단코표시링 4개, 돗바늘

완성 치수

A. 가슴둘레: 88.5-94-99-104.5 [110.5-113-120-130.5] 141-148-158.5-172cm
A. 허리둘레: 80-82.5-88-92 [97.5-101.5-108-117.5] 129.5-140-149.5-158.5cm
A. 엉덩이둘레: 87-90.5-97.5-101 [108-111.5-118.5-128.5] 139-146-156.5-163.5cm
B. 위팔둘레: 28.5-29.5-30.5-31.5 [35.5-35.5-37.5-39] 42.5-44.5-49.5-53cm
C. 소매길이: 25.5-25.5-25.5-26.5 [26.5-28-28-28] 28-28-28-28cm
D. 진동 중심에서 잰 몸판길이: 35cm
E. 진동길이: 19.5-20-20-20.5 [21.5-22-23-23.5] 25-26-27-29cm

만드는 법

바탕실을 사용해서, 114-114-114-114 [114-114-114-114] 116-114-120-114코 만든다, 단코표시링을 걸어 단 시작을 표시하고 원통으로 잇는다.

다음 단(겉면): (바탕실을 사용해서 꼬아뜨기로 겉뜨기1, 배색실을 사용해서 안뜨기1)를 단 끝까지 반복한다.

이 고무뜨기로 7단 더 뜬다.

다음 단: 바탕실을 사용해서, 단 끝까지 겉뜨기한다.

다음 단(XS-S-M1 [M2-L1-L2-XL] 2XL-3XL-4XL-5XL 사이즈만 해당): 바탕실을 사용해서, *겉뜨기19-19-9 [6-6-4-3] 2-2-2-1, 왼코늘림, 겉뜨기19-19-10 [6-6-5-3] 3-2-2-2, 왼코늘림*, *~*를 왼손 바늘에 0-0-0 [6-6-6-6] 1-6-0-6코 남을 때까지 반복한다, 단 끝까지 겉뜨기한다. (총 120-120-126 [132-132-138-150] 162-168-180-186코)

다음 단(XS-S-M1 [M2-L1-L2-XL] 2XL-3XL-4XL-5XL 사이즈만 해당): 단 끝까지 겉뜨기한다.

요크

각 단마다 무늬 도안을 19-20-20-21 [22-22-23-25] 27-28-30-31회 반복하며 요크 무늬를 뜬다. 사이즈에 따라 무늬 도안이 다르니 주의한다. (총 304-320-320-336 [352-352-368-400] 432-448-480-496코)

요크 무늬를 완성하면 바탕실을 자르고, 다음과 같이 단코표시링을 걸고 되돌아뜨기로 경사를 만든다. 첫 번째 되돌아뜨기는 소매에서 이뤄지고 마지막 되돌아뜨기는 앞판에서 이뤄진다.

세팅 단: 바탕실을 사용해서, 겉뜨기47-50-51-54 [56-56-59-65] 70-73-77-81(뒤판), 단코표시링 건다, 겉뜨기58-60-58-60 [65-64-66-70] 76-78-86-86(오른쪽 소매), 단코표시링 건다, 겉뜨기94-100-102-108 [111-112-118-130] 140-146-154-162(앞판), 단코표시링 건다, 겉뜨기58-60-58-60 [65-64-66-70] 76-78-86-86(왼쪽 소매), 단코표시링 건다, 단 끝까지 겉뜨기한다, 단코표시링 제거한다, 다음 단코표시링까지 겉뜨기한다. 이제 단 시작은 뒤판과 오른쪽 소매 사이에 있다.

1단(겉면): 단코표시링 10코 전까지 겉뜨기한다, 랩앤턴.

2단(안면): *단코표시링까지 안뜨기한다, 단코표시링 옮긴다*, *~*를 1회 더 반복한다, 단코표시링 10코 전까지 안뜨기한다, 랩앤턴.

3단: 단코표시링을 옮겨가며 되돌아뜨기 코를 만날 때까지 겉뜨기한다, 되돌아뜨기 코와 감긴 가닥을 함께 겉뜨기한다, 겉뜨기4, 랩앤턴.

4단: 단코표시링을 옮겨가며 되돌아뜨기 코를 만날 때까지 안뜨기한다, 되돌아뜨기 코와 감긴 가닥을 함께 안뜨기한다, 안뜨기4, 랩앤턴.

3~4단을 2회 더 반복한다.

9단: 단코표시링을 옮겨가며 되돌아뜨기 코를 만날 때까지 겉뜨기한다, 되돌아뜨기 코와 감긴 가닥을 함께 겉뜨기한다, 겉뜨기8, 랩앤턴.

10단: 단코표시링을 옮겨가며 되돌아뜨기 코를 만날 때까지 안뜨기한다, 되돌아뜨기 코와 감긴 가닥을 함께 안뜨기한다, 안뜨기8, 랩앤턴.

9~10단을 1회 더 반복한다.

다음 단(겉면): *단코표시링을 옮겨가며 되돌아뜨기 코를 만날 때까지 겉뜨기한다, 되돌아뜨기 코와 감긴 가닥을 함께 겉뜨기한다*, *~*를 1회 더 반복한다, 단 끝까지 겉뜨기한다.

계속해서 요크 앞판이 넥밴드 꼭대기에서 재서 19.5-20-20-20.5 [21.5-22-23-23.5] 25-26-27-29cm가 될 때까지 메리야스뜨기한다.

몸판

세팅 단(겉면): *단코표시링 제거한다, 다음 58-60-58-60 [65-64-66-70] 76-78-86-86코를 안전핀에 옮겨 쉼코로 둔다, 감아코잡기로 4-4-6-6 [8-9-10-10] 11-12-14-18코 만든다, 단코표시링 건다, 감아코잡기로 4-4-6-6 [8-9-10-10] 11-12-14-18코 만든다, 단코표시링 제거한다, 단코표시링까지 겉뜨기한다*, *~*를 1회 더 반복한다. 이제 단 시작은 오른쪽 진동 중심에 있다. (총 204-216-228-240 [254-260-276-300] 324-340-364-396코)

원한다면 여기서 가슴 다트를 넣어도 좋다. 컵 사이즈에 따라 가슴에서 가장 높은 곳(가장 넓은 부분)에서 다트를 넣는다. 이 지점이 가장 높은 곳이 아니라면, 몸판을 좀 더 진행하다가 가슴 다트를 넣어도 좋다. 이미 그 지점을 지났다면, 즉시 가슴 다트를 넣는다. 가슴 다트를 넣지 않는다면, 이 과정을 건너뛰고 바로 '가슴 다트를 뜬 후' 부분으로 간다.

C/D컵 가슴 다트

1단(겉면): 왼쪽 옆선 단코표시링 13-14-15-15 [16-17-18-19] 21-22-23-25코 전까지 겉뜨기한다, 랩앤턴.

2단(안면): 오른쪽 옆선 단코표시링 13-14-15-15 [16-17-18-19] 21-22-23-25코 전까지 안뜨기한다, 랩앤턴.

3단: 마지막 되돌아뜨기 4-4-5-5 [5-5-6-6] 7-7-8-8코 전까지 겉뜨기한다, 랩앤턴.

4단: 마지막 되돌아뜨기 4-4-5-5 [5-5-6-6] 7-7-8-8코 전까지 안뜨기한다, 랩앤턴.

3~4단을 2회 더 반복한다.

9단(겉면): *되돌아뜨기 코를 만날 때까지 겉뜨기한다, 되돌아뜨기 코와 감긴 가닥을 함께 겉뜨기한다*, *~*를 3회 더 반복한다, 단 끝까지 겉뜨기하고 계속해서 원통뜨기한다.

10단(겉면): 남은 되돌아뜨기 코를 만나면 감긴 가닥과 함께 겉뜨기하면서, 단 끝까지 겉뜨기한다.

E/F컵 가슴 다트

1단(겉면): 왼쪽 옆선 단코표시링 13-14-15-15 [16-17-18-19] 21-22-23-25코 전까지 겉뜨기한다, 랩앤턴.

2단(안면): 오른쪽 옆선 단코표시링 13-14-15-15 [16-17-18-19] 21-22-23-25코 전까지 안뜨기한다, 랩앤턴.

3단: 마지막 되돌아뜨기 3-3-3-3 [3-3-3-4] 4-4-5-5코 전까지 겉뜨기한다, 랩앤턴.

4단: 마지막 되돌아뜨기 3-3-3-3 [3-3-3-4] 4-4-5-5코 전까지 안뜨기한다, 랩앤턴.

3~4단을 4회 더 반복한다.

13단(겉면): *되돌아뜨기 코를 만날 때까지 겉뜨기한다, 되돌아뜨기 코와 감긴 가닥을 함께 겉뜨기한다*, *~*를 5회 더 반복한다, 단 끝까지 겉뜨기하고 계속해서 원통뜨기한다.

14단(겉면): 남은 되돌아뜨기 코를 만나면 감긴 가닥과 함께 겉뜨기하면서, 단 끝까지 겉뜨기한다.

G/H컵 가슴 다트

1단(겉면): 왼쪽 옆선 단코표시링 13-14-15-15 [16-17-18-19] 21-22-23-25코 전까지 겉뜨기한다, 랩앤턴.

2단(안면): 오른쪽 옆선 단코표시링 13-14-15-15 [16-17-18-19] 21-22-23-25코 전까지 안뜨기한다, 랩앤턴.

3단: 마지막 되돌아뜨기 2-2-2-2 [2-2-2-2] 2-3-3-3코 전까지 겉뜨기한다, 랩앤턴.

4단: 마지막 되돌아뜨기 2-2-2-2 [2-2-2-2] 2-3-3-3코 전까지 안뜨기한다, 랩앤턴.

3~4단을 7회 더 반복한다.

19단(겉면): *되돌아뜨기 코를 만날 때까지 겉뜨기한다, 되돌아뜨기 코와 감긴 가닥을 함께 겉뜨기한다*, *~*를 8회 더 반복한다, 단 끝까지 겉뜨기하고 계속해서 원통뜨기한다.

20단(겉면): 남은 되돌아뜨기 코를 만나면 감긴 가닥과 함께 겉뜨기하면서, 단 끝까지 겉뜨기한다.

가슴 다트를 뜬 후

겉뜨기로 7-9-8-8 [9-9-3-3] 2-3-3-3단 뜬다.

허리 코줄임 단(겉면): *겉뜨기1, 왼코줄임, 왼손 바늘에 3코 남을 때까지 겉뜨기한다, 오른코줄임, 겉뜨기1, 단코표시링 옮긴다*, *~*를 1회 더 반복한다. (4코 줄어듦)

허리 코줄임 단을 9-7-7-6 [5-6-6-5] 7-10-8-5번째 단마다 4-5-5-6 [7-5-6-7] 5-3-4-7회 더 반복한다. (총 184-192-204-212 [222-236-248-268] 300-324-344-364코)

겉뜨기로 8-7-6-5 [4-6-6-5] 6-10-8-5단 뜬다.

허리 코늘림 단(겉면): *겉뜨기1, m1l코늘림, 단코표시링 1코 전까지 겉뜨기한다, m1r코늘림, 겉뜨기1, 단코표시링 옮긴다*, *~*를 1회 더 반복한다. (4코 늘어남)

허리 코늘림 단을 6-6-5-5 [4-6-5-4] 6-11-8-11번째 단마다 3-3-4-4 [5-4-5-6] 4-2-3-2회 더 반복한다. (총 200-208-224-232 [246-256-272-296] 320-336-360-376코)

계속해서 몸판 편물이 진동 중심에서 재서 27cm가 될 때까지 혹은 원하는 길이에서 8cm 모자랄 때까지 메리야스뜨기한다.

다음 단(M2 사이즈만 해당): *겉뜨기1, m1l코늘림, 단코표시링까지 겉뜨기한다, 단코표시링 옮긴다*, *~*를 1회 더 반복한다. (2코 늘어남)

배색실을 연결해서 각 단마다 무늬 도안을 25-26-28-29 [31-32-34-37] 40-42-45-47회 반복하며 밑단 무늬를 뜬다.

1단: 바탕실을 사용해서, 단 끝까지 겉뜨기한다.

2단: (바탕실을 사용해서 겉뜨기1, 배색실을 사용해서 겉뜨기1)을 단 끝까지 반복한다.

3단: (바탕실을 사용해서 꼬아뜨기로 겉뜨기1, 배색실을 사용해서 안뜨기1)을 단 끝까지 반복한다.

3단을 9회 더 반복한다.

배색실을 자르고 바탕실을 사용해 고무뜨기하면서 코막음한다.

소매

쉼코로 두었던 소매 코를 바늘로 옮긴다.

세팅 단(겉면): 바탕실을 사용해서 진동 중심에서 시작해, 4-4-6-6 [8-9-10-10] 11-12-14-18코 줍는다, 소매 코를 겉뜨기한다, 진동에서 4-4-6-6 [9-9-10-10] 11-12-14-18코 줍는다, 단코표시링을 걸어 단 시작을 표시하고 원통으로 잇는다. (총 66-68-70-72 [82-82-86-90] 98-102-114-122코)

겉뜨기로 9-7-6-9 [4-5-4-4] 3-3-2-2단 뜬다.

코줄임 단: 겉뜨기1, 왼코줄임, 왼손 바늘에 3코 남을 때까지 겉뜨기한다, 오른코줄임, 겉뜨기1. (2코 줄어듦)

코줄임 단을 10-8-7-10 [5-6-5-5] 4-4-3-3번째 단마다 5-6-7-5 [10-10-12-11] 15-14-20-21회 더 반복한다. (총 54-54-54-60 [60-60-60-66] 66-72-72-78코)

계속해서 소매 편물이 진동 중심에서 재서 20.5-20.5-20.5-21.5 [21.5-23-23-23] 23-23-23-23cm가 될 때까지 혹은 원하는 길이에서 8.5cm 모자랄 때까지 평단으로 진행한다.

배색실을 연결한다.

1단: (배색실을 사용해서 겉뜨기2, 바탕실을 사용해서 겉뜨기1)을 단 끝까지 반복한다.

2단: 1단과 동일하게 뜬다.

3단: 바탕실을 사용해서, 단 끝까지 겉뜨기한다.

4단: (바탕실을 사용해서 겉뜨기1, 배색실을 사용해서 겉뜨기1)을 단 끝까지 반복한다.

5단: (바탕실을 사용해서 꼬아뜨기로 겉뜨기1, 배색실을 사용해서 안뜨기1)을 단 끝까지 반복한다.

5단을 13회 더 반복한다.

배색실을 자르고 바탕실로 고무뜨기하면서 코막음한다.

요크 무늬, XXS-XS-S-M1 [M2-L1-L2-XL] 사이즈

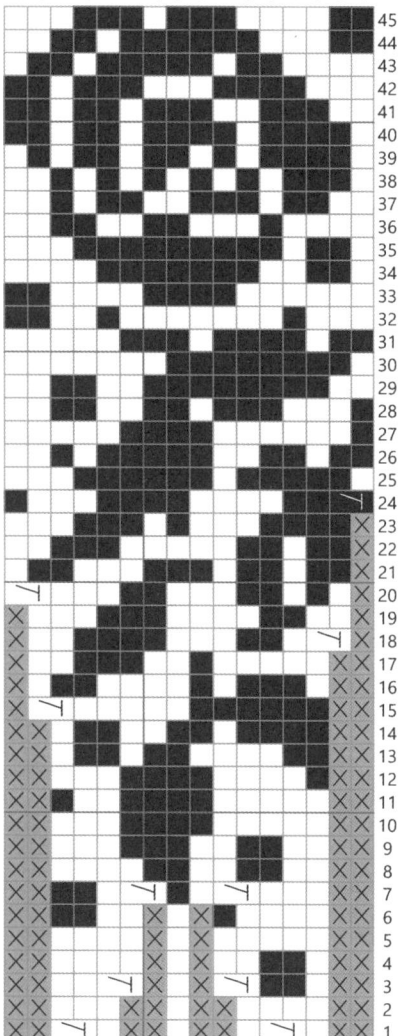

요크 무늬, 2XL-3XL-4XL-5XL 사이즈

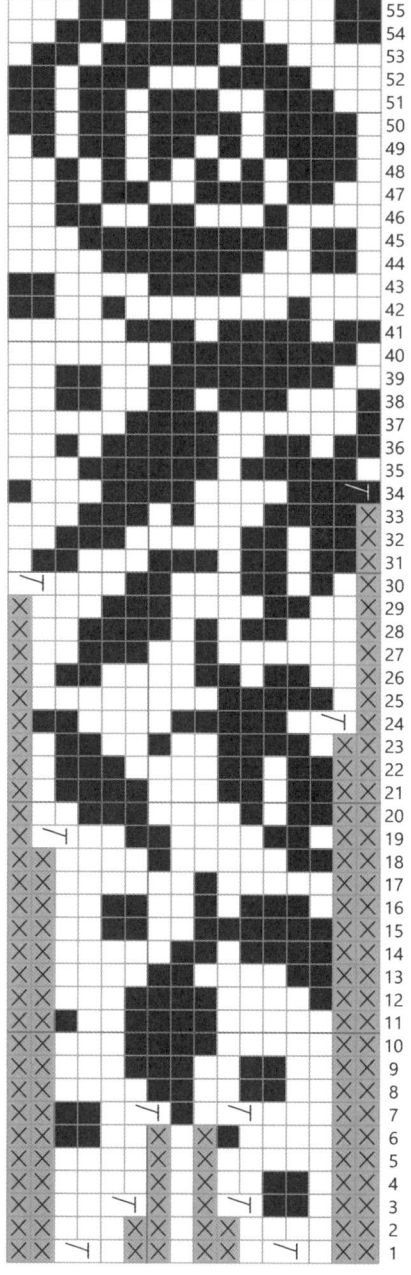

⊤	겉뜨기1, 왼코늘림
□	바탕실
■	배색실
✕	코 없음

밑단 무늬

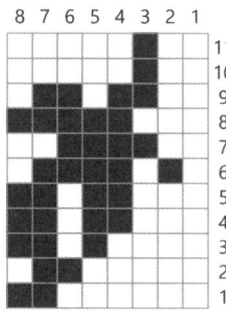

11

MOHAIR FUDGE
모헤어 퍼지 스웨터

이 폭신한 스웨터는 솔기 없이 위에서 아래로 내려 뜹니다. 메리노울과 모헤어/실크를 함께 떠서
질감이 매력적입니다. 브리오쉬 카울로 시작해서 둥근 배색 요크를 뜹니다.
몸판은 A라인이고, 짧은 밑단에는 트임이 있습니다.

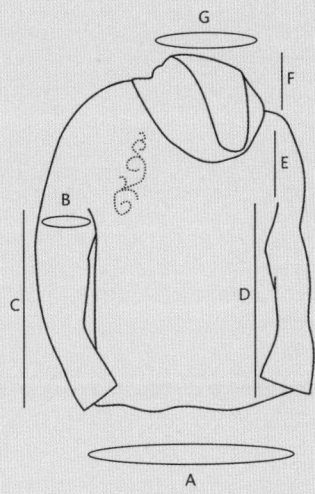

사이즈
XXS-XS-S-M1 [M2-L1-L2-XL] 2XL-3XL-4XL-5XL
이 스웨터는 여유분을 주어 디자인했다. 실제 가슴둘레에 약 18cm 여유분을 더한 사이즈를 선택하면 된다.

실
누르야Nurja의 메리노 싱글Merino Single(슈퍼워시 메리노울 100%, 1합, 366m—100g)과 누르야의 모헤어Mohair(모헤어 72%, 실크 28%, 420m—50g), 혹은 다른 핑거링 굵기와 레이스 굵기의 실을 함께 잡고 뜬다.
사진 속 작품은 마르모리Marmori(바탕실)와 메리피카Meripihka(배색실) 색상을 사용했다.
바탕실, 핑거링 굵기: 3-3-3-3 [3-3-4-4] 4-5-5-5타래
바탕실, 레이스 굵기: 3-3-3-3 [4-4-4-4] 5-5-5-5타래,
배색실, 핑거링 굵기: 1타래
배색실, 레이스 굵기: 1타래

실 소요량
바탕실, 핑거링 굵기: 845-890-950-1000 [1055-1098-1185-1270] 1420-1510-1645-1760m
바탕실, 레이스 굵기: 1110-1155-1230-1260 [1340-1390-1480-1585] 1740-1840-1985-2100m
배색실, 핑거링 굵기: 135-140-145-155 [155-160-170-175] 195-205-215-225m
배색실, 레이스 굵기: 120-130-135-140 [140-145-155-160] 180-185-200-205m

바늘
100cm 길이 줄바늘 4.0mm
소매를 뜰 때 장갑바늘을 선호한다면 장갑바늘 4.0mm
정확한 게이지 치수를 얻기 위해 필요하다면 바늘 호수를 조절한다.

게이지
2가지 실을 함께 잡고 원통뜨기로 메리야스뜨기와 배색뜨기, 22코×28단=10×10cm(블로킹 후)

그 외 준비물
단코표시링 4개, 돗바늘

완성 치수
A. 가슴둘레: 96.5-99-103.5-112.5 [116.5-120-126.5-136.5] 146.5-152.5-163.5-177.5cm
A. 엉덩이둘레: 105.5-109-112.5-123.5 [127.5-131-138-145.5] 156.5-163.5-174.5-189cm
B. 위팔둘레: 29.5-29.5-32.5-33 [35-37-38.5-41] 44-46-51-53cm
C. 소매길이: 45.5-46.5-46.5-46.5 [47.5-47.5-48-49] 49-49-49-49cm
D. 진동 중심에서 잰 몸판길이: 27cm
E. 진동길이: 20.5-21.5-21.5-22 [23-23.5-24.5-25] 26.5-28-28.5-30cm
F. 카울높이: 20cm
G. 카울둘레: 42.5-42.5-44.5-43.5 [43.5-42-43.5-45.5] 45.5-45.5-45.5-45.5cm

만드는 법

레이스 굵기의 바탕실 2가닥으로 둥근코잡기 기법을 사용해서, 94-94-98-96 [96-92-96-100] 100-100-100-100코 만든다. 원통으로 잇고 단 시작을 표시하는 단코표시링을 건다.

1단(겉면): (겉뜨기1, 1코걸러뜨기하고 바늘비우기)를 단 끝까지 반복한다.

2단: (1코걸러뜨기하고 바늘비우기, 브리오쉬 안뜨기)를 단 끝까지 반복한다.

3단: (브리오쉬 겉뜨기, 1코걸러뜨기하고 바늘비우기)를 단 끝까지 반복한다.

2~3단을 카울 편물이 20cm가 될 때까지 반복하는데, 마지막으로 뜨는 단이 3단이 되도록 끝낸다. 레이스 굵기의 실 2가닥 중 하나를 자른다. 핑거링 굵기의 바탕실을 연결해서, 핑거링 굵기의 실과 레이스 굵기의 실을 함께 잡고 뜬다.

다음 단: (겉뜨기1, 브리오쉬 겉뜨기)를 단 끝까지 반복한다.

다음 단(XXS-XS-S-M1 [M2] 2XL-3XL-4XL-5XL 사이즈만 해당): *겉뜨기4-3-3-2 [2] 8-6-4-3, 왼코늘림, 겉뜨기5-4-4-3 [3] 8-6-4-4, 왼코늘림*, *~*를 왼손 바늘에 4-3-0-6 [6] 4-4-4-2코 남을 때까지 반복한다, 단 끝까지 겉뜨기한다. (총 114-120-126-132 [132] 112-116-124-128코)

다음 단(XXS-XS-S-M1 [M2] 2XL-3XL-4XL-5XL 사이즈만 해당): 단 끝까지 겉뜨기한다.

요크

배색실 2가닥(핑거링 굵기 그리고 레이스 굵기)을 연결해서, 각 단마다 무늬 도안을 19-20-21-22 [22-23-24-25] 28-29-31-32회 반복하며 요크 무늬를 뜬다. XXS-XS-S-M1 [M2] 사이즈는 요크 무늬를 2단에서 시작하고, [L1-L2-XL] 2XL-3XL-4XL-5XL 사이즈는 1단에서 시작하는 것을 주의한다. (총 285-300-315-330 [330-345-360-375] 420-435-465-480코)

요크 무늬를 완성한 후, 배색실을 모두 자른다.

다음 단(XXS [L1-XL] 사이즈만 해당): m1코늘림, 단 끝까지 겉뜨기한다. (총 286 [346-376]코)

다음 단(S-3XL-4XL 사이즈만 해당): 왼코줄임, 단 끝까지 겉뜨기한다. (총 314-434-464코)

다음과 같이 단코표시링을 걸고 되돌아뜨기로 경사를 만든다. 첫 번째 되돌아뜨기는 소매에서 이뤄지고 마지막 되돌아뜨기는 앞판에서 이뤄진다.

세팅 단: 바탕실을 사용해서 겉뜨기46-49-50-54 [54-56-59-62] 69-71-75-80(뒤판), 단코표시링 건다, 겉뜨기51-53-57-57 [57-61-63-64] 73-75-82-81(오른쪽 소매), 단코표시링 건다, 겉뜨기92-97-100-108 [108-112-117-124] 137-142-150-159(앞판), 단코표시링 건다, 겉뜨기51-53-57-57 [57-61-63-64] 73-75-82-81(왼쪽 소매), 단코표시링 건다, 단 끝까지 겉뜨기한다, 단코표시링 제거한다, 다음 단코표시링까지 겉뜨기한다.

이제 단 시작은 뒤판과 오른쪽 소매 사이에 있다.

1단(겉면): 단코표시링 10코 전까지 겉뜨기한다, 랩앤턴.

2단(안면): *단코표시링까지 안뜨기한다, 단코표시링 옮긴다*, *~*를 1회 더 반복한다, 단코표시링 10코 전까지 안뜨기한다, 랩앤턴.

3단: 단코표시링을 옮겨가며 되돌아뜨기 코를 만날 때까지 겉뜨기한다, 되돌아뜨기 코와 감긴 가닥을 함께 겉뜨기한다, 겉뜨기4, 랩앤턴.

4단: 단코표시링을 옮겨가며 되돌아뜨기 코를 만날 때까지 안뜨기한다, 되돌아뜨기 코와 감긴 가닥을 함께 안뜨기한다, 안뜨기4, 랩앤턴.

3~4단을 1회 더 반복한다.

7단: 단코표시링을 옮겨가며 되돌아뜨기 코를 만날 때까지 겉뜨기한다, 되돌아뜨기 코와 감긴 가닥을 함께 겉뜨기한다, 겉뜨기8, 랩앤턴.

8단: 단코표시링을 옮겨가며 되돌아뜨기 코를 만날 때까지 안뜨기한다, 되돌아뜨기 코와 감긴 가닥을 함께 안뜨기한다, 안뜨기8, 랩앤턴.

7~8단을 1회 더 반복한다.

다음 단(겉면): *단코표시링을 옮겨가며 되돌아뜨기 코를 만날 때까지 겉뜨기한다, 되돌아뜨기 코와 감긴 가닥을 함께 겉뜨기한다*, *~*를 1회 더 반복한다, 단 끝까지 겉뜨기한다.

계속해서 요크 앞판이 카울 아래에서 재서 20.5-21.5-21.5-22 [23-23.5-24.5-25] 26.5-28-28.5-30cm가 될 때까지 메리야스뜨기한다.

몸판

세팅 단(겉면): *단코표시링 제거한다, 다음 51-53-57-57 [57-61-63-64] 73-75-82-81코를 안전핀에 옮겨 쉼코로 두고, 감아코잡기로 7-6-7-8 [10-10-11-13] 12-13-15-18코 만든다, 단코표시링 건다, 감아코잡기로 7-6-7-8 [10-10-11-13] 12-13-15-18코 만든다, 단코표시링 제거한다, 단코표시링까지 겉뜨기한다*, *~*를 1회 더 반복한다. 이제 단 시작은 오른쪽 진동 중심에 있다. (총 212-218-228-248 [256-264-278-300] 322-336-360-390코)

원한다면 여기서 가슴 다트를 넣어도 좋다. 컵 사이즈에 따라 가슴에서 가장 높은 곳(가장 넓은 부분)에서 다트를 넣는다. 이 지점이 가장 높은 곳이 아니라면, 몸판을 좀 더 진행하다가 가슴 다트를 넣어도 좋다. 이미 그 지점을 지났다면, 즉시 가슴 다트를 넣는다. 가슴 다트를 넣지 않는다면, 이 과정을 건너뛰고 바로 '가슴 다트를 뜬 후' 부분으로 간다.

C/D컵 가슴 다트

1단(겉면): 왼쪽 옆선 단코표시링 14-14-15-16 [16-17-17-19] 20-21-23-24코 전까지 겉뜨기한다, 랩앤턴.

2단(안면): 오른쪽 옆선 단코표시링 14-14-15-16 [16-17-17-19] 20-21-23-24코 전까지 안뜨기한다, 랩앤턴.

3단: 마지막 되돌아뜨기 4-4-5-5 [5-5-6-6] 7-7-7-8코 전까지 겉뜨기한다, 랩앤턴.

4단: 마지막 되돌아뜨기 4-4-5-5 [5-5-6-6] 7-7-7-8코 전까지 안뜨기한다, 랩앤턴.

3~4단을 2회 더 반복한다.

9단(겉면): *되돌아뜨기 코를 만날 때까지 겉뜨기한다, 되돌아뜨기 코와 감긴 가닥을 함께 겉뜨기한다*, *~*를 3회 더 반복한다, 단 끝까지 겉뜨기하고 계속해서 원통뜨기한다.
10단(겉면): 남은 되돌아뜨기 코를 만나면 감긴 가닥과 함께 겉뜨기하면서, 단 끝까지 겉뜨기한다.

E/F컵 가슴 다트
1단(겉면): 왼쪽 옆선 단코표시링 14-14-15-16 [16-17-17-19] 20-21-23-24코 전까지 겉뜨기한다, 랩앤턴.
2단(안면): 오른쪽 옆선 단코표시링 14-14-15-16 [16-17-17-19] 20-21-23-24코 전까지 안뜨기한다, 랩앤턴.
3단: 마지막 되돌아뜨기 3-3-4-4 [4-4-4-5] 5-5-6-6코 전까지 겉뜨기한다, 랩앤턴.
4단: 마지막 되돌아뜨기 3-3-4-4 [4-4-4-5] 5-5-6-6코 전까지 안뜨기한다, 랩앤턴.
3~4단을 3회 더 반복한다.
11단(겉면): *되돌아뜨기 코를 만날 때까지 겉뜨기한다, 되돌아뜨기 코와 감긴 가닥을 함께 겉뜨기한다*, *~*를 4회 더 반복한다, 단 끝까지 겉뜨기하고 계속해서 원통뜨기한다.
12단(겉면): 남은 되돌아뜨기 코를 만나면 감긴 가닥과 함께 겉뜨기하면서, 단 끝까지 겉뜨기한다.

G/H 가슴 다트
1단(겉면): 왼쪽 옆선 단코표시링 14-14-15-16 [16-17-17-19] 20-21-23-24코 전까지 겉뜨기한다, 랩앤턴.
2단(안면): 오른쪽 옆선 단코표시링 14-14-15-16 [16-17-17-19] 20-21-23-24코 전까지 안뜨기한다, 랩앤턴.
3단: 마지막 되돌아뜨기 3-3-3-3 [3-3-4-4] 4-4-4-5코 전까지 겉뜨기한다, 랩앤턴.
4단: 마지막 되돌아뜨기 3-3-3-3 [3-3-4-4] 4-4-4-5코 전까지 안뜨기한다, 랩앤턴.
3~4단을 4회 더 반복한다.
13단(겉면): *되돌아뜨기 코를 만날 때까지 겉뜨기한다, 되돌아뜨기 코와 감긴 가닥을 함께 겉뜨기한다*, *~*를 5회 더 반복한다, 단 끝까지 겉뜨기하고 계속해서 원통뜨기한다.
14단(겉면): 남은 되돌아뜨기 코를 만나면 감긴 가닥과 함께 겉뜨기하면서, 단 끝까지 겉뜨기한다.

가슴 다트를 뜬 후
가슴 다트를 완성하면, 겉뜨기로 8-8-8-8 [8-8-2-2] 2-2-2-2단 뜬다.
코늘림 단: *겉뜨기2, m1l코늘림, 단코표시링 2코 전까지 겉뜨기한다, m1r코늘림, 겉뜨기2, 단코표시링 옮긴다*, *~*를 1회 더 반복한다. (4코 늘어남)
코늘림 단을 11-10-11-9 [9-9-9-13] 11-10-10-9번째 단마다 4-4-4-5 [5-5-5-4] 4-5-5-5회 더 반복한다. (총 232-238-248-272 [280-288-302-320] 342-360-384-414코)
다음 단(*XS [L2] 2XL-5XL 사이즈만 해당*): *겉뜨기2, m1l코늘림, 단코표시링까지 겉뜨기한다, 단코표시링 옮긴다*, *~*를 1회 더 반복한다. (2코 늘어남)
계속해서 몸판 편물이 진동 중심에서 재서 20cm가 될 때까지 메리야스뜨기한다.
이제 앞판과 뒤판을 분리해서 진행할 것이다:
세팅 단(겉면): (겉뜨기2, 안뜨기2)를 단코표시링까지 반복한다, 단코표시링 제거한다, 겉뜨기2, 남은 코를 안전핀에 옮겨 쉼코로 두고 편물을 뒤집는다. (총 118-122-126-138 [142-146-154-162] 174-182-194-210코)
1단(안면): 안뜨기하듯이 1코걸러뜨기, 안뜨기1, (겉뜨기2, 안뜨기2)를 단코표시링까지 반복한다, 단코표시링 제거하고 편물을 뒤집는다.
2단: 겉뜨기하듯이 1코걸러뜨기, 겉뜨기1, (안뜨기2, 겉뜨기2)를 단 끝까지 반복한다.
1~2단을 8회 더 반복한다. 고무뜨기하면서 코막음한다.
쉼코로 두었던 뒤판 코를 바늘로 옮긴다.
세팅 단(겉면): 앞판 밑단의 겉뜨기 2코 위에서 2코 줍는다, (안뜨기2, 겉뜨기2)를 왼손 바늘에 2코 남을 때까지 반복한다, 안뜨기2, 앞판 밑단의 겉뜨기 2코 위에서 2코 줍는다. (총 118-122-126-138 [142-146-154-162] 174-182-194-210코)
1단(안면): 안뜨기하듯이 1코걸러뜨기, 안뜨기1, (겉뜨기2, 안뜨기2)를 단 끝까지 반복한다.
2단: 겉뜨기하듯이 1코걸러뜨기, 겉뜨기1, (안뜨기2, 겉뜨기2)를 단 끝까지 반복한다.
1~2단을 8회 더 반복한다. 고무뜨기하면서 코막음한다.

소매
쉼코로 두었던 소매 코를 바늘로 옮긴다.
세팅 단(겉면): 바탕실을 사용해서 진동 중심에서 시작해, 7-6-7-8 [10-10-11-13] 12-13-15-18코 줍는다, 소매 코를 겉뜨기한다, 진동에서 7-6-7-8 [10-10-11-13] 12-13-15-18코 줍는다, 단코표시링을 걸어 단 시작을 표시하고 원통으로 잇는다. (총 65-65-71-73 [77-81-85-90] 97-101-112-117코)
겉뜨기로 8-8-8-8 [8-8-2-2] 2-2-2-2단 뜬다.
코줄임 단: 겉뜨기1, 왼코줄임, 왼손 바늘에 3코 남을 때까지 겉뜨기한다, 오른코줄임, 겉뜨기1. (2코 줄어듦)
코줄임 단을 8-8-7-7 [6-6-5-5] 5-4-4-3번째 단마다 11-11-14-13 [15-17-19-20] 21-23-27-29회 더 반복한다. (총 41-41-41-45 [45-45-45-48] 53-53-56-57코)
다음 단(*XXS-XS-S-M1 [M2-L1-L2] 2XL-3XL-5XL 사이즈만 해당*): 겉뜨기1, 왼코줄임, 단 끝까지 겉뜨기한다. (1코 줄어듦)
계속해서 소매 편물이 진동 중심에서 재서 38.5-39.5-39.5-39.5 [40.5-40.5-41-42] 42-42-42-42cm가 될 때까지 혹은 원하는 길이에서 7cm 모자랄 때까지 코줄임 없이 평단으로 진행한다.
고무뜨기(겉뜨기2, 안뜨기2)로 20단 뜬다. 고무뜨기하면서 코막음한다.

요크 무늬

- □ 바탕실
- ■ 배색실
- ┐ 겉뜨기1, 왼코늘림
- ✕ 코 없음

12

FLOWER POWER
플라워 파워 카디건

이 카디건은 원통뜨기로 솔기 없이 위에서 아래로 내려 뜹니다. 둥근 요크에 레트로 스타일의 꽃무늬가 있습니다. 편물을 완성하면 스틱 자르기 기법으로 앞판을 둘로 나눠 카디건 형태를 만듭니다.

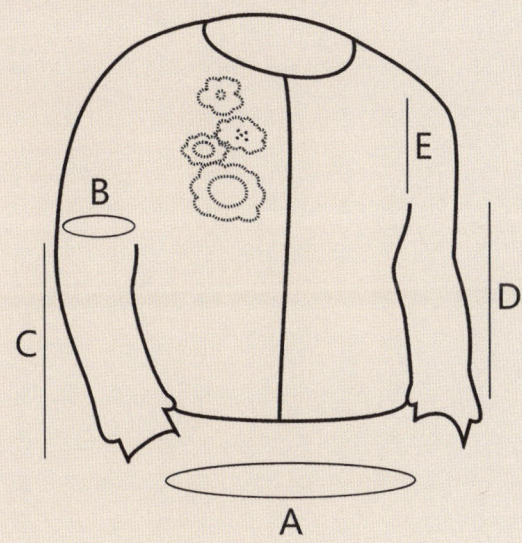

사이즈
XXS-XS-S-M1 [M2-L1-L2-XL] 2XL-3XL-4XL-5XL
이 스웨터는 여유분을 주어 디자인했다. 실제 가슴둘레에 약 10cm 여유분을 더한 사이즈를 선택하면 된다.

실
아라Aara의 마야Maja(핀란드 울 100%, 220m─100g), 혹은 다른 DK 굵기의 실.
사진 속 작품은 일타Ilta(바탕실), 피사라Pisara(배색실1), 키르시카Kirsikka(배색실2) 색상을 사용했다.
바탕실: 3-3-3-3 [3-3-3-4] 4-4-4-4타래
배색실1: 1-1-1-1 [1-1-1-2] 2-2-2-2타래
배색실2: 1-1-1-1 [1-1-1-1] 2-2-2-2타래

실 소요량
바탕실: 450-460-490-510 [540-610-650-675] 700-740-810-875m
배색실1: 170-170-175-195 [205-210-220-235] 250-260-300-330m
배색실2: 170-175-175-180 [190-200-215-220] 225-240-260-275m

바늘
100cm 길이 줄바늘 4.5mm
소매를 뜰 때 장갑바늘을 선호한다면 4.5mm 장갑바늘
정확한 게이지 치수를 얻기 위해 필요하다면 바늘 호수를 조절한다.

게이지
원통뜨기로 메리야스뜨기와 배색뜨기, 18코×23단=10×10cm(블로킹 후)

그 외 준비물
단코표시링 6개, 단추 6개(지름 2.5cm), 돗바늘

완성 치수
A. 가슴·허리둘레: 86.5-91-98-104.5 [109-111-120-126.5] 140-146.5-158-169cm
B. 위팔둘레: 28-30-31-32 [34.5-35.5-38-39] 41-44.5-50-53.5cm
C. 소매길이: 43.5-44.5-44.5-44.5 [45.5-45.5-46-46.5] 46.5-46.5-46.5-46.5cm
D. 진동 중심에서 잰 몸판길이: 28-28-27.5-27.5 [27-26-26-26] 25.5-25.5-25.5-25.5cm
E. 진동길이: 21.5-22-22.5-23 [24-25.5-25-26.5] 28-29.5-30.5-32cm

스틱 자르기
코바늘 혹은 재봉틀을 사용해서 스틱을 보강하고 스틱 코 중심을 자른다. 드러난 가장자리를 편물 안면으로 접고 바탕실을 사용해서 적당한 자리에 꿰맨다.

만드는 법

배색실1을 사용해서 일반코잡기로, 91-87-87-87 [87-91-91-87] 91-89-93-97코 만든다, 단코표시링 건다, 감아코잡기로 5코 만든다, 단코표시링 걸어 단 시작을 표시하고 원통으로 잇는다.

다음 단(겉면): 바탕실을 사용해서 겉뜨기1, (배색실1을 사용해서 안뜨기1, 바탕실을 사용해서 겉뜨기1)을 단코표시링까지 반복한다, 단코표시링 옮긴다, 배색실1을 사용해서 안뜨기1, 바탕실을 사용해서 겉뜨기1, 배색실1을 사용해서 겉뜨기1, 바탕실을 사용해서 겉뜨기1, 배색실1을 사용해서 안뜨기1.

이 고무뜨기로 3-3-3-3 [3-5-3-3] 3-5-5-5단 더 뜬다.
바탕실을 자른다.

단코표시링 사이의 스틱 5코는 절대 콧수에 포함되지 않음을 주의한다. 스틱 코는 (안뜨기1, 겉뜨기3, 안뜨기1)로 뜬다. 2가지 색으로 진행할 때는 스틱을 다음과 같이 뜬다: (배색실1 사용, 배색실2 사용)을 2회 반복, 배색실1 사용. 3가지 색으로 진행할 때는 스틱을 다음과 같이 뜬다: 배색실1, 배색실2, 배색실3, 배색실2, 배색실1.

다음 단: 배색실1을 사용해서 왼코줄임, 단코표시링까지 겉뜨기한다, 단코표시링 옮긴다, 스틱 코 뜬다.

다음 단(XS-S-M1 [M2-L1-L2-XL] 2XL-3XL-4XL-5XL 사이즈만 해당): *겉뜨기8-8-8 [5-5-5-2] 2-2-2-2, 왼코늘림, 겉뜨기9-9-9 [5-5-5-3] 3-2-2-2, 왼코늘림*, *~*를 단코표시링 1-1-1 [6-0-0-1] 0-0-0-0코 전까지 반복한다, 단코표시링까지 겉뜨기한다, 단코표시링 옮긴다, 스틱 코 뜬다. (총 90-96-96-96 [102-108-108-120] 126-132-138-144코).

다음 단(XS-S-M1 [M2-L1-L2-XL] 2XL-3XL-4XL-5XL 사이즈만 해당): 단코표시링까지 겉뜨기한다, 단코표시링 옮긴다, 스틱 코 뜬다.

이제 되돌아뜨기로 카울넥 뒤쪽 경사를 만들어줄 것이다.

1단(겉면): 겉뜨기70-75-75-75 [80-85-85-94] 100-104-110-115, 랩앤턴.

2단(안면): 안뜨기50-54-54-54 [58-62-62-68] 74-76-82-86, 랩앤턴.

3단: 되돌아뜨기 코를 만날 때까지 겉뜨기한다, 되돌아뜨기 코와 감긴 가닥을 함께 겉뜨기한다, 겉뜨기2-2-2-2 [2-3-3-3] 3-3-3-3, 랩앤턴.

4단: 되돌아뜨기 코를 만날 때까지 안뜨기한다, 되돌아뜨기 코와 감긴 가닥을 함께 안뜨기한다, 안뜨기2-2-2-2 [2-3-3-3] 3-3-3-3, 랩앤턴.

3~4단을 2회 더 반복한다.

다음 단(겉면): 되돌아뜨기 코를 만날 때까지 겉뜨기한다, 되돌아뜨기 코와 감긴 가닥을 함께 겉뜨기한다, 단코표시링까지 겉뜨기한다, 단코표시링 옮긴다, 스틱 코 뜬다.

요크

다음 단(겉면): 남은 되돌아뜨기 코를 만나면 감긴 가닥과 함께 겉뜨기하면서, 각 단마다 무늬 도안을 15-16-16-16 [17-18-18-20] 21-22-23-24회 반복하며 요크 무늬를 뜬다, 단코표시링 옮긴다, 스틱 코 뜬다. 사이즈에 따라 무늬 도안이 다르니 주의한다. 요크 무늬를 완성하면 바늘에 총 240-256-256-256 [272-288-288-320] 336-352-368-384코가 있다.

요크 무늬를 완성한 후, 배색실1을 자른다.
계속해서 바탕실을 사용해 앞판 편물이 넥밴드 아래에서 재서 20-20-21-21 [21.5-22.5-23.5-24.5] 25-27-28-28.5cm가 될 때까지 메리야스뜨기한다.

몸판

세팅 단(겉면): 겉뜨기37-39-40-41 [43-45-46-51] 55-57-59-62, 다음 46-50-48-46 [50-54-52-58] 58-62-66-68코를 안전핀에 옮겨 쉼코로 두고, 감아코잡기로 2-2-4-6 [6-5-8-6] 8-9-12-14코 만든다, 단코표시링 건다, 감아코잡기로 2-2-4-6 [6-5-8-6] 8-9-12-14코 만든다, 겉뜨기74-78-80-82 [86-90-92-102] 110-114-118-124, 다음 46-50-48-46 [50-54-52-58] 58-62-66-68코를 안전핀에 옮겨 쉼코로 두고, 감아코잡기로 2-2-4-6 [6-5-8-6] 8-9-12-14코 만든다, 단코표시링 건다, 감아코잡기로 2-2-4-6 [6-5-8-6] 8-9-12-14코 만든다, 단코표시링까지 겉뜨기한다, 단코표시링 옮긴다, 스틱 코 뜬다. (총 156-164-176-188 [196-200-216-228] 252-264-284-304코)

원한다면 여기서 가슴 다트를 넣어도 좋다. 컵 사이즈에 따라 가슴에서 가장 높은 곳(가장 넓은 부분)에서 다트를 넣는다. 이 지점이 가장 높은 곳이 아니라면, 몸판을 좀 더 진행하다가 가슴 다트를 넣어도 좋다. 스틱 코는 다트 설명에 언급되지 않음을 주의하고, 이미 만들어진 규칙대로 진행하면 된다. 가슴 다트를 넣지 않는다면, 이 과정을 건너뛰고, '가슴 다트를 뜬 후' 부분으로 간다.

C/D/E컵 가슴 다트

1단(겉면): 왼쪽 옆선 단코표시링 10-11-11-12 [13-13-14-15] 16-17-18-19코 전까지 겉뜨기한다, 랩앤턴.

2단(안면): 오른쪽 옆선 단코표시링 10-11-11-12 [13-13-14-15] 16-17-18-19코 전까지 안뜨기한다, 랩앤턴.

3단: 마지막 되돌아뜨기 코 2-2-3-3 [3-3-3-4] 4-4-4-5코 전까지 겉뜨기한다, 랩앤턴.

4단: 마지막 되돌아뜨기 코 2-2-3-3 [3-3-3-4] 4-4-4-5코 전까지 안뜨기한다, 랩앤턴.

3~4단을 2회 더 반복한다.

9단(겉면): 단 끝까지 겉뜨기한다.

10단(겉면): 되돌아뜨기 코를 만나면 감긴 가닥과 함께 겉뜨기하면서, 단 끝까지 겉뜨기한다.

F/G/H컵 가슴 다트

1단(겉면): 왼쪽 옆선 단코표시링 10-11-11-12 [13-13-14-15] 16-17-18-19코 전까지 겉뜨기한다, 랩앤턴.

2단(안면): 오른쪽 옆선 단코표시링 10-11-11-12 [13-13-14-15] 16-17-18-19코 전까지 안뜨기한다, 랩앤턴.

3단: 마지막 되돌아뜨기 코 1-1-1-2 [2-2-2-2] 2-2-2-2코 전까지 겉뜨기한다, 랩앤턴.

4단: 마지막 되돌아뜨기 코 1-1-1-2 [2-2-2-2] 2-2-2-2코 전까지 안뜨기한다, 랩앤턴.

3~4단을 7회 더 반복한다.

19단(겉면): 단 끝까지 겉뜨기한다.

20단(겉면): 되돌아뜨기 코를 만나면 감긴 가닥과 함께 겉뜨기하면서, 단 끝까지 겉뜨기한다.

가슴 다트를 뜬 후

다음 단(겉면): 단코표시링까지 겉뜨기한다, 단코표시링 옮긴다, 스틱 코 뜬다.

계속해서 몸판 편물이 진동 중심에서 재서 23.5-23.5-23-23 [22.5-21.5-21.5-21.5] 21-21-21-21cm가 될 때까지 혹은 원하는 길이에서 4.5cm 모자랄 때까지, 이미 만들어진 무늬대로 메리야스뜨기하고 스틱 코 뜬다.

다음 단(겉면): 겉뜨기1, 왼코늘림, 단코표시링까지 겉뜨기한다, 단코표시링 옮긴다, 스틱 코 뜬다.

다음 단: 바탕실을 사용해서 겉뜨기1, (배색실1을 사용해서 안뜨기1, 바탕실을 사용해서 겉뜨기1)을 단코표시링까지 반복한다, 단코표시링 옮긴다, 스틱 코 뜬다.

이 고무뜨기로 9단 더 뜬다.

다음 단(겉면): 바탕실을 사용해서 겉뜨기1, (배색실1을 사용해서 안뜨기1, 바탕실을 사용해서 겉뜨기1)을 단코표시링까지 반복한다, 단코표시링 제거하고 스틱 5코 코막음한다, 단코표시링 제거한다.

다음 단(겉면): 바탕실을 사용해서 겉뜨기1, (배색실1을 사용해서 안뜨기1, 바탕실을 사용해서 겉뜨기1)을 단 끝까지 반복한다.

편물을 안면으로 뒤집고 바탕실을 사용해 고무뜨기하면서 코막음한다.

소매

쉼코로 두었던 소매 코를 바늘로 옮긴다.

세팅 단(겉면): 바탕실을 사용해서 진동 중심에서 시작해 2-2-4-6 [6-5-8-6] 8-9-12-14코 줍는다, 소매 코를 겉뜨기한다, 진동에서 2-2-4-6 [6-5-8-6] 8-9-12-14코 줍는다, 단코표시링을 걸어 단 시작을 표시하고 원통으로 잇는다. (총 50-54-56-58 [62-64-68-70] 74-80-90-96코)

겉뜨기로 21-16-12-12 [9-7-6-7] 6-5-3-3단 뜬다.

코줄임 단: 겉뜨기1, 왼코줄임, 왼손 바늘에 3코 남을 때까지 겉뜨기한다, 오른코줄임, 겉뜨기1. (2코 줄어듦)

코줄임 단을 22-17-13-13 [10-8-7-8] 7-6-4-4번째 단마다 2-3-4-4 [6-7-8-8] 9-11-15-17회 더 반복한다. (총 44-46-46-48 [48-48-50-52] 54-56-58-60코)

계속해서 소매 편물이 진동 중심에서 재서 38.5-39.5-39.5-39.5 [40.5-40.5-41-41.5] 41.5-41.5-41.5-41.5cm가 될 때까지 혹은 원하는 길이에서 5cm 모자랄 때까지 코줄임 없이 평단으로 진행한다.

코줄임 단: *겉뜨기1-1-1-2 [2-2-2-2] 2-2-2-3, 왼코줄임, 겉뜨기2-2-2 [2-2-2-2] 3-3-3-3, 왼코줄임*, *~*를 왼손 바늘에 2-4-4-0 [0-0-2-4] 0-2-4-0코 남을 때까지 반복한다, 단 끝까지 겉뜨기한다. (총 32-34-34-36 [36-36-38-40] 42-44-46-48코)

다음 단: (바탕실을 사용해서 겉뜨기1, 배색실1을 사용해서 안뜨기1)을 단 끝까지 반복한다.

이 고무뜨기로 11단 더 뜬다. 바탕실을 사용해 고무뜨기하면서 코막음한다.

앞여밈단

이제 스틱 안뜨기 코 바로 옆 몸판 코에서 코를 주워 배색 1코고무뜨기로 앞여밈단을 뜰 것이다. 배색 중 사용하지 않는 실은 반드시 편물의 안면으로 지나가게 한다. 3단마다 약 2코 줍는다.

가슴 다트를 뜨지 않은 경우

세팅 단(겉면): 바탕실을 사용해서, 오른쪽 앞판을 따라 85-85-85-85 [87-87-87-89] 89-91-93-95코 줍는다.

1단(안면): 바탕실을 사용해서 안뜨기1, (배색실1을 사용해서 겉뜨기1, 바탕실을 사용해서 안뜨기1)을 단 끝까지 반복한다.

2단: 바탕실을 사용해서 겉뜨기1, (배색실1을 사용해서 안뜨기1, 바탕실을 사용해서 겉뜨기1)을 단 끝까지 반복한다.

3단: 1단과 동일하게 뜬다.

4단: 앞의 배색 1코고무뜨기로 6-6-6-6 [4-4-4-5] 5-5-5-6코 뜬다, 2코 코막음한다, *배색 1코고무뜨기로 12-12-12-12 [13-13-13-13] 13-13-14-14코 뜬다, 2코 코막음한다*, *~*를 4회 더 반복한다, 단 끝까지 배색 1코고무뜨기로 뜬다.

5단: *색의 순서를 유지하면서 코막음한 구멍을 만날 때까지 배색 1코고무뜨기로 뜬다, 감아코잡기로 2코 만든다*, *~*를 5회 더 반복한다, 단 끝까지 배색 1코고무뜨기로 뜬다.

6단: 2단과 동일하게 뜬다.

7단: 1단과 동일하게 뜬다.

바탕실을 사용해서 코막음한다.

왼쪽 앞여밈단도 4단과 5단에서 만드는 단춧구멍을 제외하고 동일하게 뜬다.

가슴 다트를 뜬 경우

세팅 단(겉면): 바탕실을 사용해서, 오른쪽 앞판을 따라 92-94-94-94 [94-94-94-96] 98-100-100-104코 줍는다.

1단(안면): 바탕실을 사용해서 안뜨기1, (배색실1을 사용해서 겉뜨기1, 바탕실을 사용해서 안뜨기1)을 단 끝까지 반복한다.

2단: 바탕실을 사용해서 겉뜨기1, (배색실1을 사용해서 안뜨기1, 바탕실을 사용해서 겉뜨기1)을 단 끝까지 반복한다.

3단: 1단과 동일하게 뜬다.

4단: 앞의 배색 1코고무뜨기로 5-6-6-6 [6-6-6-7] 5-6-6-6코 뜬다, 2코 코막음한다, *배색 1코고무뜨기로 14-14-14-14 [14-14-14-14] 15-15-15-16코 뜬다, 2코 코막음한다*, *~*를 4회 더 반복한다, 단 끝까지 배색 1코고무뜨기로 뜬다.

5단: *색의 순서를 유지하면서 코막음한 구멍을 만날 때까지 배색 1코 고무뜨기로 뜬다, 감아코잡기로 2코 만든다*, *~*를 5회 더 반복한다, 단 끝까지 배색 1코고무뜨기로 뜬다.

6단: 2단과 동일하게 뜬다.

7단: 1단과 동일하게 뜬다.

바탕실을 사용해서 코막음한다.

왼쪽 앞여밈단도 4단과 5단에서 만드는 단춧구멍을 제외하고 동일하게 뜬다.

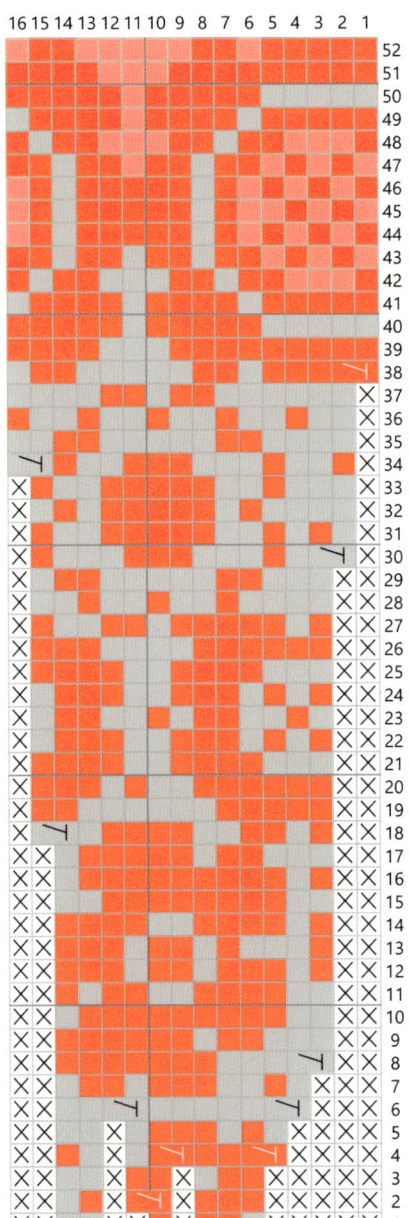

13

THISTLE
시슬 카디건

시슬은 옷 전체에 배색 엉겅퀴 무늬를 넣은 박시한 카디건입니다.
원통으로 떠서 몸판을 완성한 후 앞판 스틱을 잘라 카디건 형태를 만들고,
진동 스틱을 자른 다음 코를 주워 소매를 만듭니다.

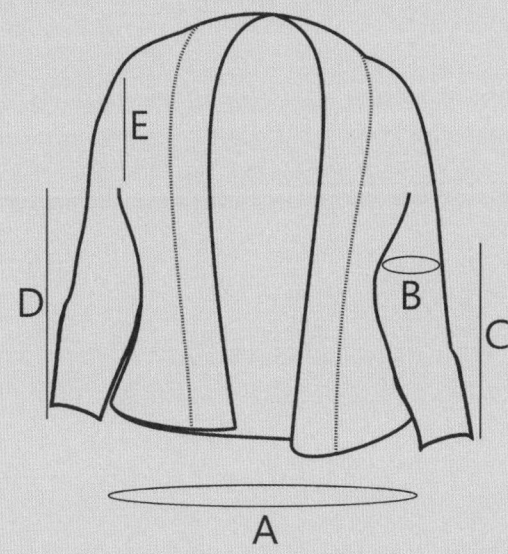

사이즈
XXS-XS-S [M-L-XL] 2XL-3XL-4XL-5XL
이 스웨터는 여유분을 주어 디자인했다. 실제 가슴둘레에 약 15cm 여유분을 더한 사이즈를 선택하면 된다.

실
투쿠울Tukuwool의 핑거링Fingering(핀란드 울 100%, 2합, 195m—50g), 혹은 다른 핑거링 굵기의 실. 사진 속 작품은 루노Runo(배색실 1), 셀랴Selja(배색실2), 사케Sake(배색실3) 색상을 사용했다.
배색실1: 4-4-4 [5-5-6] 6-7-7-8타래
배색실2: 2-2-3 [3-3-3] 4-4-4-5타래
배색실3: 1-1-1 [1-1-1] 2-2-2-2타래

실 소요량
배색실1: 640-675-720 [815-915-995] 1120-1190-1330-1455m
배색실2: 355-375-400 [450-505-550] 620-660-735-805m
배색실3: 120-125-135 [150-170-185] 205-220-245-270m

바늘
100cm 길이 줄바늘 3.25mm, 3.5mm, 3.75mm
소매를 뜰 때 장갑바늘을 선호한다면 장갑바늘 3.75mm
정확한 게이지 치수를 얻기 위해 필요하다면 바늘 사이즈를 조절한다.

게이지
3.5mm 바늘을 사용해서 원통뜨기로 배색뜨기, 20코×28단=10×10cm(블로킹 후)

그 외 준비물
단코표시링 6개, 자투리실, 모사용 코바늘 6호(3.5mm), 돗바늘.

완성 치수
A. 가슴·허리둘레: 88-96-104 [112-120-128] 144-152-160-176cm
B. 위팔둘레: 33-34-36 [39-42-44] 47-49-55-58cm
C. 소매길이: 42-42-41.5 [43-44-45] 46-46-47-47.5cm
D. 진동 중심에서 잰 몸판길이: 35cm
E. 진동길이: 16-16.5-18 [19.5-20.5-22] 22-23-24.5-25cm

만드는 법

자투리실과 코바늘을 사용해서 별실코잡기로, 3.5mm 바늘에 25-29-33 [36-40-44] 46-50-51-56코씩 두 세트 만드는데, 두 세트 사이의 실은 자른다.

세팅 단(겉면): 배색실1을 사용해서, 첫 번째 세트 코를 겉뜨기한다, 감아코잡기로 38-38-38 [40-40-40] 44-44-46-48코 만든다, 두 번째 세트 코를 겉뜨기한다. (총 88-96-104 [112-120-128] 136-144 148 160코)

세팅 단(안면): 단 끝까지 안뜨기한다.

뒤판 어깨

이제 되돌아뜨기로 어깨 경사를 만들 것이다.

1단(겉면): 겉뜨기65-70-74 [80-84-88] 95-99-102-110, 랩앤턴.
2단(안면): 안뜨기42-44-44 [48-48-48] 54-54-56-60, 랩앤턴.
3단: 되돌아뜨기 코를 만날 때까지 겉뜨기한다, 되돌아뜨기 코와 감긴 가닥을 함께 겉뜨기한다, 겉뜨기1-2-2 [3-3-3] 4-4-4-5, 랩앤턴.
4단: 되돌아뜨기 코를 만날 때까지 안뜨기한다, 되돌아뜨기 코와 감긴 가닥을 함께 안뜨기한다, 안뜨기1-2-2 [3-3-3] 4-4-4-5, 랩앤턴.
3~4단을 6회 더 반복한다.
17단(겉면): 되돌아뜨기 코를 만날 때까지 겉뜨기한다, 되돌아뜨기 코와 감긴 가닥을 함께 겉뜨기한다, 단 끝까지 겉뜨기한다.
18단(안면): 되돌아뜨기 코를 만날 때까지 안뜨기한다, 되돌아뜨기 코와 감긴 가닥을 함께 안뜨기한다, 단 끝까지 안뜨기한다.
실을 자르고 뒤판 어깨 코를 안전핀에 옮겨 쉼코로 둔다.

왼쪽 앞판 어깨

이제 왼쪽 앞판 코를 주워 되돌아뜨기로 어깨 경사를 만들고 네크라인 코늘림을 시작할 것이다.

별실코잡기 실을 조심해서 풀어내서, 3.5mm 바늘로 왼쪽 어깨 25-29-33 [36-40-44] 46-50-51-56코를 줍는다.

1단(겉면): 배색실1을 사용해서, 단 끝까지 겉뜨기한다.
2단(안면): 단 끝까지 안뜨기한다.
3단: 겉뜨기2-3-3 [4-4-4] 5-5-5-6, 랩앤턴.
4단: 단 끝까지 안뜨기한다.
5단: 겉뜨기1, m1l코늘림, 되돌아뜨기 코를 만날 때까지 겉뜨기한다, 되돌아뜨기 코와 감긴 가닥을 함께 겉뜨기한다, 겉뜨기1-2-2 [3-3-3] 4-4-4-5, 랩앤턴. (1코 늘어남)
6단: 4단과 동일하게 뜬다.
7단: 되돌아뜨기 코를 만날 때까지 겉뜨기한다, 되돌아뜨기 코와 감긴 가닥을 함께 겉뜨기한다, 겉뜨기1-2-2 [3-3-3] 4-4-4-5, 랩앤턴.
4~7단을 2회 더 반복한다. (총 28-32-36 [39-43-47] 49-53-54-59코)
16단(안면): 4단과 동일하게 뜬다.
17단(겉면): 5단과 동일하게 뜬다. (총 29-33-37 [40-44-48] 50-54-55-60코)
18단: 4단과 동일하게 뜬다.
19단: 되돌아뜨기 코를 만날 때까지 겉뜨기한다, 되돌아뜨기 코와 감긴 가닥을 함께 겉뜨기한다, 단 끝까지 겉뜨기한다.
실을 자르고 왼쪽 앞판 어깨 코를 안전핀에 옮겨 쉼코로 둔다.

오른쪽 앞판 어깨

별실코잡기 실을 조심해서 풀어내서, 3.5mm 바늘로 오른쪽 어깨 25-29-33 [36-40-44] 46-50-51-56코를 줍는다.

1단(안면): 배색실1을 사용해서, 단 끝까지 안뜨기한다.
2단: 단 끝까지 겉뜨기한다.
3단: 안뜨기2-3-3 [4-4-4] 5-5-5-6, 랩앤턴.
4단: 왼손 바늘에 1코 남을 때까지 겉뜨기한다, m1r코늘림, 겉뜨기1.
5단: 되돌아뜨기 코를 만날 때까지 안뜨기한다, 되돌아뜨기 코와 감긴 가닥을 함께 안뜨기한다, 안뜨기1-2-2 [3-3-3] 4-4-4-5, 랩앤턴.
6단: 단 끝까지 겉뜨기한다.
7단: 5단과 동일하게 뜬다.
4~7단을 2회 더 반복한다. (총 28-32-36 [39-43-47] 49-53-54-59코)
16단(겉면): 4단과 동일하게 뜬다. (총 29-33-37 [40-44-48] 50-54-55-60코)
17단(안면): 5단과 동일하게 뜬다.
18단: 단 끝까지 겉뜨기한다.
19단: 되돌아뜨기 코를 만날 때까지 안뜨기한다, 되돌아뜨기 코와 감긴 가닥을 함께 안뜨기한다, 단 끝까지 안뜨기한다.

원통으로 잇기

세팅 단(겉면): 배색실1을 사용해서, 오른쪽 앞판 코를 겉뜨기한다, 단코표시링 건다, 감아코잡기로 5코 만든다, 단코표시링 건다, 왼쪽 앞판 코를 바늘로 옮기고 겉뜨기1, m1l코늘림, 끝까지 겉뜨기한다, 단코표시링 건다, 감아코잡기로 5코 만든다, 단코표시링 건다, 뒤판 코를 바늘로 옮기고 겉뜨기한다, 단코표시링 건다, 감아코잡기로 5코 만든다, 단코표시링 걸고 원통으로 잇는다, 단코표시링 1코 전까지 겉뜨기한다, m1r코늘림, 겉뜨기1, 단코표시링 옮긴다, 안뜨기1, 겉뜨기3, 안뜨기1. 이제 단 시작은 앞판 스틱 코 바로 다음에 있다. (총 163-179-195 [209-225-241] 253-269-275-297코)

다음 단: 무늬 도안의 15-15-15 [16-16-16] 2-2-3-4번째 코에서 시작해 단코표시링까지 엉겅퀴 무늬로 뜬다, *단코표시링 옮긴다, 배색실1을 사용해서 안뜨기1, 배색실2를 사용해서 겉뜨기1, 배색실1을 사용해서 겉뜨기1, 배색실2를 사용해서 겉뜨기1, 배색실1을 사용해서 안뜨기1, 단코표시링 옮긴다*, 무늬 도안의 13-1-5 [9-13-1] 13-1-7-1번째 코에서 시작해 단코표시링까지 엉겅퀴 무늬로 뜬다, *~*를 반복한다, 무늬 도안의 5-1-13 [9-5-1] 13-9-7-1번째 코에서 시작해 단코표시링까지 엉겅퀴 무늬로 뜬다, *~*를 반복한다. *~*처럼 색을 바꾸면서 항상 스틱 코를 (안뜨기1, 겉뜨기3, 안뜨기1)로 뜬다.

계속해서 이미 만들어진 무늬대로 엉겅퀴 무늬와 스틱을 뜨면서, 어깨 경사 만들기에서 했던 것과 동일한 방법으로, 앞판에서 네크라인 코늘림을 4번째 단마다 6-6-6 [5-5-5] 3-3-2-1회 더, 2번째 단마다 8-8-8 [10-10-10] 14-14-16-18회 반복하는데, 새로 만든 코를 엉겅퀴 무늬에 넣어서, 무늬 도안에서 시작하고 끝내는 코를 바꿔가며 뜬다.

동시에, 진동이 16-16.5-18 [19.5-20.5-22] 22-23-24.5-25cm가 되면 다음과 같이 스틱 코를 코막음한다:
다음 단: *단코표시링까지 엉겅퀴 무늬로 뜬다, 단코표시링 제거한다, 스틱 5코 코막음한다, 단코표시링 제거한다*, *~*를 1회 더 반복한다, 단코표시링까지 엉겅퀴 무늬로 뜬다, 단코표시링 옮긴다, 스틱 코 뜬다.
다음 단: *코막음한 구멍을 만날 때까지 엉겅퀴 무늬로 뜬다, 2가지 색으로 뜨는 단이라면 색을 바꿔가며 감아코잡기로 0-0-0 [0-0-0] 8-8-12-16코 만든다*, *~*를 1회 더 반복한다, 단코표시링까지 엉겅퀴 무늬로 뜬다, 단코표시링 옮긴다, 스틱 코 뜬다.
다음 단: 단코표시링까지 엉겅퀴 무늬로 뜬다, 단코표시링 옮긴다, 스틱 코 뜬다. 계속해서 편물이 진동 중심에서 재서 29.5cm가 될 때까지 혹은 원하는 길이에서 5.5cm 모자랄 때까지 이미 만들어진 무늬대로 진행한다. 깔끔하게 마무리하기 위해, 무늬 도안의 19단을 뜬 후 끝낸다. 네크라인 코늘림을 모두 끝내면, 왼쪽 앞판은 무늬 도안 1번째 코에서 시작해야 한다. (총 181-197-213 [229-245-261] 293-309-325-357코)
배색실2와 배색실3을 자른다. 3.25mm 바늘로 바꾼다.
세팅 단: 배색실1을 사용해서, 단코표시링까지 겉뜨기한다, 단코표시링 제거한다, 스틱 5코 코막음한다, 단코표시링 제거한다.
다음 단(겉면): 겉뜨기1, (안뜨기2, 겉뜨기2)를 왼손 바늘에 3코 남을 때까지 반복한다, 안뜨기2, 겉뜨기1.
다음 단(안면): 안뜨기1, (겉뜨기2, 안뜨기2)를 왼손 바늘에 3코 남을 때까지 반복한다, 겉뜨기2, 안뜨기1.
이 고무뜨기로 14단 더 뜬다. 고무뜨기하면서 코막음한다. 실을 자르지 않는다.

숄 칼라

이제 카디건 앞판을 따라 코를 줍고, 숄 칼라가 될 30코를 만들고, 앞판에서 주운 코를 코줄임하면서 앞뒤로 편물을 뒤집어가며 평뜨기로 뜰 것이다.
세팅 단(겉면): 3.25mm 바늘과 배색실1을 사용해서, 편물의 겉면이 보이는 상태에서, 오른쪽 앞판 아래쪽에서 시작해 왼쪽 앞판 아래쪽에서 끝내며, 앞판 가장자리에서는 2단마다 1코, 뒷목에서는 1코마다 1코 줍고, 감아코잡기로 30코 만든다. (약 229-230-234 [242-244-248] 246-248-252-252코. 정확하게 같은 콧수를 줍지 않아도 된다.)
1단(안면): 1코걸러뜨기, 안뜨기1, (겉뜨기2, 안뜨기2)를 6회 반복, 겉뜨기2, 안뜨기1, 안면에서의 오른코줄임. 편물 뒤집는다.
2단(겉면): 1코걸러뜨기, 겉뜨기1, (안뜨기2, 겉뜨기2)를 단 끝까지 반복한다.
1~2단을 앞판에서 주운 모든 코를 코줄임할 때까지 반복하는데, 마지막으로 뜨는 단이 안면 단이 되도록 끝낸다. 겉면에서 고무뜨기하면서 코막음한다.
코바늘 혹은 재봉틀을 사용해서 앞판 스틱을 보강한 다음 잘라서 앞판을 둘로 나눠 카디건 형태를 만든다. 드러난 가장자리를 편물 안면에 꿰맨다.

소매

코바늘 혹은 재봉틀을 사용해서 진동 스틱을 보강한 다음 잘라서 트임을 만든다. 드러난 가장자리를 편물 안면에 꿰맨다. 소매처럼 둘레가 좁은 편물을 뜨는 게이지와 배색뜨기가 쉽게 타이트해질 수 있음을 주의한다. 소매가 너무 타이트하게 느껴진다면, 바늘 호수를 높이면 된다.
세팅 단(겉면): 3.75mm 바늘과 배색실1을 사용해서 진동 중심에서 시작해, 진동 둘레를 따라서 66-68-72 [78-84-88] 94-98-110-116 코 줍는다, 단코표시링을 걸어 단 시작을 표시하고 원통으로 잇는다.
무늬 도안의 16-15-13 [10-15-13] 10-16-10-15번째 코에서 시작해 엉겅퀴 무늬로 10-10-6 [16-2-10] 8-8-8-20단 뜬다.
코줄임 단: 겉뜨기1, 왼코줄임, 왼손 바늘에 3코 남을 때까지 엉겅퀴 무늬로 뜬다, 오른코줄임, 겉뜨기1. (2코 줄어듦)
코줄임 단을 7-8-7 [5-6-5] 5-5-4-3번째 단마다 12-11-13 [16-17-19] 20-20-26-29회 더 반복한다. (총 40-44-44 [44-48-48] 52-56-56-56코)
계속해서 소매길이가 진동 중심에서 재서 36.5-36.5-36 [37.5-38.5-39.5] 40.5-40.5-41.5-42cm가 될 때까지 혹은 원하는 길이에서 5.5cm 모자랄 때까지 코줄임 없이 평단으로 진행한다.
배색실2와 배색실3을 자른다. 3.25mm 바늘로 바꾼다.
다음 단: 배색실1을 사용해서, (겉뜨기2, 안뜨기2)를 단 끝까지 반복한다.
이 고무뜨기로 15단 더 뜬다. 고무뜨기하면서 코막음한다.

엉겅퀴 무늬

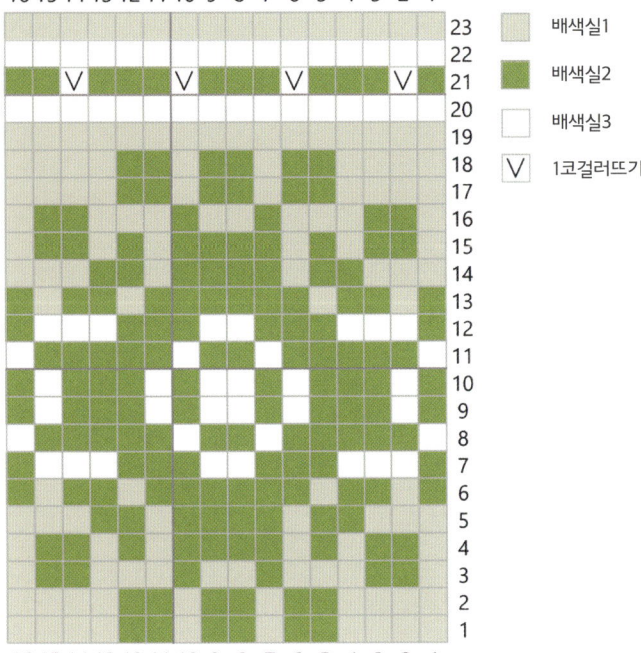

# 14

SPROUT
스프라우트 스웨터

스프라우트 스웨터는 솔기 없이 위에서 아래로 내려 뜹니다.
둥근 요크에 긴소매이고 밑단은 짧은 크롭 스웨터입니다.
스웨터의 요크와 밑단 모두에 배색무늬가 있습니다.

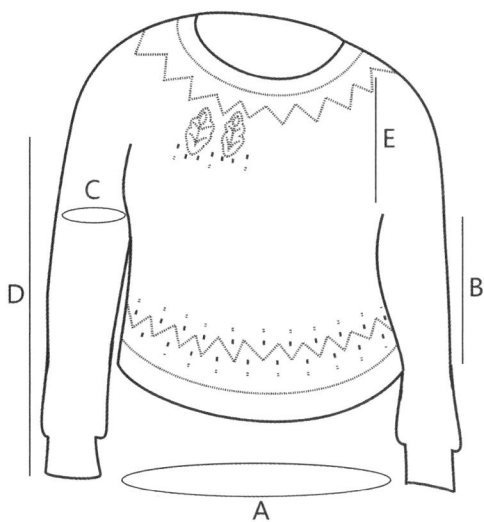

사이즈
XXS-XS-S-M1 [M2-L1-L2-XL] 2XL-3XL-4XL-5XL
이 스웨터는 여유분을 주어 디자인했다. 실제 가슴둘레에 약 12cm 여유분을 더한 사이즈를 선택하면 된다.

실
비슈 에 비슈Biches & Buches의 르 프티 램스울Le Petit Lambswool(울 100%, 248m—50g), 혹은 다른 라이트핑거링 굵기의 실. 사진 속 작품은 다크 그린그레이(바탕실)와 베이지(배색실) 색상을 사용했다.
바탕실: 4-4-5-5 [5-5-6-6] 7-7-8-9타래
배색실: 1-1-2-2 [2-2-2-2] 2-2-2-3타래

실 소요량
바탕실: 925-980-1055-1090 [1165-1230-1285-1395] 1575-1660-1830-2015m
배색실: 215-230-250-260 [285-305-315-345] 410-430-475-550m

바늘
100cm 길이 줄바늘 2.75mm, 3.0mm
소매를 뜰 때 장갑바늘을 선호한다면 장갑바늘 3.0mm
정확한 게이지 치수를 얻기 위해 필요하다면 바늘 호수를 조절한다.

게이지
3.0mm 바늘을 사용해서 원통뜨기로 메리야스뜨기와 배색뜨기, 27코×33단=10×10cm(블로킹 후)

그 외 준비물
단코표시링 4개, 모사용 코바늘 5호(3.0mm), 돗바늘

완성 치수
A. 가슴둘레: 89-93.5-100.5-105 [108-114-120-128] 140.5-148-158.5-170.5m.
A. 엉덩이둘레: 83-89-95-100.5 [106.5-112.5-118.5-124.5] 136.5-142-154-166cm
B. 진동 중심에서 잰 몸판길이: 25cm
C. 위팔둘레: 29.5-30.5-32.5-33.5 [35-36.5-38-40] 43.5-46-51-54cm
D. 소매길이: 45-45.5-45.5-45.5 [47-47-47-48] 48-48-48-48cm
E. 진동길이: 19-19.5-20-20 [21-22-22.5-23] 25-25.5-26.5-28.5cm

만드는 법

코바늘과 별실코잡기 기법을 사용해서, 2.75mm 줄바늘에 116-114-120-120 [118-116-116-116] 116-116-120-114코 만든다.

세팅 단(겉면): 배색실을 사용해서, 단 끝까지 겉뜨기한다, 단코표시링을 걸어 단 시작을 표시하고 원통으로 잇는다.

다음 단(겉면): (꼬아뜨기로 겉뜨기1, 안뜨기1)을 단 끝까지 반복한다. 이 꼬아고무뜨기로 17단 더 뜬다.

별실코잡기 실을 주심해서 풀어내 3.0mm 바늘에 코를 줍는다 고무뜨기 편물을 반으로 접어, 안면이 서로 마주 보게 한다. 다음 설명과 같이 코를 잡은 가장자리와 함께 2코(고무뜨기한 바늘의 1코+별실에서 주운 바늘의 1코)를 겹쳐뜬다.

다음 단(겉면): *각 바늘에서 1코씩 겹쳐뜬다*, *~*를 단 끝까지 반복한다.

계속해서 3.0mm 바늘로 진행할 것이다.

다음 단(XS 사이즈만 해당): 겉뜨기1, 왼코늘림, 단 끝까지 겉뜨기한다. (총 115코)

다음 단(XXS-M1 [M2-L1-L2] 2XL-3XL-4XL-5XL 사이즈만 해당): *겉뜨기7-24 [9-6-6] 9-7-6-3, 왼코늘림, 겉뜨기7-24 [10-6-6] 10-7-6-3, 왼코늘림*, *~*를 왼손 바늘에 4-0 [4-2-2] 2-4-0-0코 남을 때까지 반복한다, 단 끝까지 겉뜨기한다. (총 132-125 [130-135-135] 128-132-140-152코)

다음 단(XXS-XS-M1 [M2-L1-L2] 2XL-3XL-4XL-5XL 사이즈만 해당): 단 끝까지 겉뜨기한다.

XXS [M2-L1-L2] 3XL-4XL-5XL 사이즈는 요크를 뜨기 전에 겉뜨기로 3단 더 뜬다.

이제 바늘에 총 132-115-120-125 [130-135-135-116] 128-132-140-152코 있다

요크

각 단마다 무늬 도안을 22-23-24-25 [26-27-27-29] 32-33-35-38회 반복하며, 요크 무늬를 뜬다. (총 352-368-384-400 [416-432-432-464] 512-528-560-608코)

요크 무늬를 완성하면, 배색실을 자르고, 단코표시링을 걸고 다음과 같이 되돌아뜨기로 경사를 만든다. 첫 번째 되돌아뜨기는 소매에서 이뤄지고 마지막 되돌아뜨기는 앞판에서 이뤄진다.

세팅 단(겉면): 바탕실을 사용해서, 겉뜨기54-57-60-63 [65-68-69-75] 82-85-89-97(뒤판), 단코표시링 건다, 겉뜨기68-70-72-74 [78-80-78-83] 92-94-102-110(오른쪽 소매), 단코표시링 건다, 겉뜨기108-114-120-126 [130-136-138-149] 164-170-178-194(앞판), 단코표시링 건다, 겉뜨기68-70-72-74 [78-80-78-83] 92-94-102-110(왼쪽 소매), 단코표시링 건다, 단 끝까지 겉뜨기한다, 단코표시링 제거한다, 다음 단코표시링까지 겉뜨기한다. 이제 단 시작은 뒤판과 오른쪽 소매 사이에 있다.

1단(겉면): 단코표시링 15코 전까지 겉뜨기한다, 랩앤턴.

2단(안면): *단코표시링까지 안뜨기한다, 단코표시링 옮긴다*, *~*를 1회 더 반복한다, 단코표시링 15코 전까지 안뜨기한다, 랩앤턴.

3단: 단코표시링을 옮겨가며 되돌아뜨기 코를 만날 때까지 겉뜨기한다, 되돌아뜨기 코와 감긴 가닥을 함께 겉뜨기한다, 겉뜨기4, 랩앤턴.

4단: 단코표시링을 옮겨가며 되돌아뜨기 코를 만날 때까지 안뜨기한다, 되돌아뜨기 코와 감긴 가닥을 함께 안뜨기한다, 안뜨기4, 랩앤턴.

3~4단을 3회 더 반복한다.

11단: 단코표시링을 옮겨가며 되돌아뜨기 코를 만날 때까지 겉뜨기한다, 되돌아뜨기 코와 감긴 가닥을 함께 겉뜨기한다, 겉뜨기8, 랩앤턴.

12단: 단코표시링을 옮겨가며 되돌아뜨기 코를 만날 때까지 안뜨기한다, 되돌아뜨기 코와 감긴 가닥을 함께 안뜨기한다, 안뜨기8, 랩앤턴.

11~12단을 1회 더 반복한다.

다음 단(겉면): *단코표시링을 옮겨가며 되돌아뜨기 코를 만날 때까지 겉뜨기한다, 되돌아뜨기 코와 감긴 가닥을 함께 겉뜨기한다*, *~*를 1회 더 반복한다, 단 끝까지 겉뜨기한다.

계속해서 요크 앞판이 넥밴드 위에서 재서 19-19.5-20-20 [21-22-22.5-23] 25-25.5-26.5-28.5cm가 될 때까지 메리야스뜨기한다.

몸판

세팅 단(겉면): *단코표시링 제거한다, 다음 68-70-72-74 [78-80-78-83] 92-94-102-110코를 안전핀에 옮겨 쉼코로 둔다, 감아코잡기로 6-6-8-8 [8-9-12-12] 13-15-18-18코 만든다, 단코표시링 건다, 감아코잡기로 6-6-8-8 [8-9-12-12] 13-15-18-18코 만든다, 단코표시링 제거한다, 단코표시링까지 겉뜨기한다*, *~*를 1회 더 반복한다. 이제 단 시작은 오른쪽 진동 중심에 있다. (총 240-252-272-284 [292-308-324-346] 380-400-428-460코)

원한다면 여기서 가슴 다트를 넣어도 좋다. 컵 사이즈에 따라 가슴에서 가장 높은 곳(가장 넓은 부분)에서 다트를 넣는다. 이 지점이 가장 높은 곳이 아니라면, 몸판을 좀 더 진행하다가 가슴 다트를 넣어도 좋다. 가슴 다트를 넣지 않는다면, 이 과정을 건너뛰고, 바로 '가슴 다트를 뜬 후' 부분으로 간다.

C/D컵 가슴 다트

1단(겉면): 왼쪽 옆선 단코표시링 15-16-17-18 [19-20-21-22] 24-25-27-29코 전까지 겉뜨기한다, 랩앤턴.

2단(안면): 오른쪽 옆선 단코표시링 15-16-17-18 [19-20-21-22] 24-25-27-29코 전까지 안뜨기한다, 랩앤턴.

3단: 마지막 되돌아뜨기 5-5-6-6 [6-6-7-7] 8-8-9-10코 전까지 겉뜨기한다, 랩앤턴.

4단: 마지막 되돌아뜨기 5-5-6-6 [6-6-7-7] 8-8-9-10코 전까지 안뜨기한다, 랩앤턴.

3~4단을 2회 더 반복한다.

9단(겉면): *되돌아뜨기 코를 만날 때까지 겉뜨기한다, 되돌아뜨기 코와 감긴 가닥을 함께 겉뜨기한다*, *~*를 3회 더 반복한다, 단 끝까지 겉뜨기하고, 계속해서 원통뜨기한다.

10단(겉면): 남은 되돌아뜨기 코를 만나면 감긴 가닥을 함께 겉뜨기하면서, 단 끝까지 겉뜨기한다.

E/F컵 가슴 다트

1단(겉면): 왼쪽 옆선 단코표시링 15-16-17-18 [19-20-21-22] 24-25-27-29코 전까지 겉뜨기한다, 랩앤턴.

2단(안면): 오른쪽 옆선 단코표시링 15-16-17-18 [19-20-21-22] 24-25-27-29코 전까지 안뜨기한다, 랩앤턴.

3단: 마지막 되돌아뜨기 3-3-3-4 [4-4-4-4] 5-5-5-6코 전까지 겉뜨기한다, 랩앤턴.

4단: 마지막 되돌아뜨기 3-3-3-4 [4-4-4-4] 5-5-5-6코 전까지 안뜨기한다, 랩앤턴.

3~4단을 4회 더 반복한다.

13단(겉면): *되돌아뜨기 코를 만날 때까지 겉뜨기한다, 되돌아뜨기 코와 감긴 가닥을 함께 겉뜨기한다*, *~*를 5회 더 반복한다, 단 끝까지 겉뜨기하고, 계속해서 원통뜨기한다.

14단(겉면): 남은 되돌아뜨기 코를 만나면 감긴 가닥을 함께 겉뜨기하면서, 단 끝까지 겉뜨기한다.

G/H컵 가슴 다트

1단(겉면): 왼쪽 옆선 단코표시링 15-16-17-18 [19-20-21-22] 24-25-27-29코 전까지 겉뜨기한다, 랩앤턴.

2단(안면): 오른쪽 옆선 단코표시링 15-16-17-18 [19-20-21-22] 24-25-27-29코 전까지 안뜨기한다, 랩앤턴.

3단: 마지막 되돌아뜨기 2-2-2-3 [3-3-3-3] 3-4-4-4코 전까지 겉뜨기한다, 랩앤턴.

4단: 마지막 되돌아뜨기 2-2-2-3 [3-3-3-3] 3-4-4-4코 전까지 안뜨기한다, 랩앤턴.

3~4단을 6회 더 반복한다.

17단(겉면): *되돌아뜨기 코를 만날 때까지 겉뜨기한다, 되돌아뜨기 코와 감긴 가닥을 함께 겉뜨기한다*, *~*를 7회 더 반복한다, 단 끝까지 겉뜨기하고 계속해서 원통뜨기한다.

18단(겉면): 남은 되돌아뜨기 코를 만나면 감긴 가닥을 함께 겉뜨기하면서, 단 끝까지 겉뜨기한다.

가슴 다트를 뜬 후

겉뜨기로 9-13-9-13 [20-20-20-15] 13-9-13-13단 뜬다.

코줄임 단(겉면): *겉뜨기1, 왼코줄임, 단코표시링 3코 전까지 겉뜨기한다, 오른코줄임, 겉뜨기1, 단코표시링 옮긴다*, *~*를 1회 더 반복한다. (4코 줄어듦)

코줄임 단을 10-14-10-14 [0-0-0-16] 14-10-14-14번째 단마다 3-2-3-2 [0-0-0-1] 2-3-2-2회 더 반복한다. (총 224-240-256-272 [288-304-320-338] 368-384-416-448코)

계속해서 몸판 편물이 진동 중심에서 재서 13cm가 될 때까지 혹은 원하는 길이에서 12cm 모자랄 때까지 메리야스뜨기한다.

다음 단(XL 사이즈만 해당): *겉뜨기1, 왼코줄임, 단코표시링까지 겉뜨기한다, 단코표시링 옮긴다*, *~*를 1회 더 반복한다. (2코 줄어듦)

배색실을 연결해서, 각 단마다 무늬 도안을 14-15-16-17 [18-19-20-21] 23-24-26-28회 반복하며 밑단 무늬를 뜬다.

배색실을 자르고 바탕실을 사용해서 겉뜨기로 1단 뜬다.

2.75mm 바늘로 바꾼다.

고무뜨기(꼬아뜨기로 겉뜨기1, 안뜨기1)로 16단 뜬다. 고무뜨기하면서 코막음한다.

소매

쉼코로 두었던 소매 코를 3.0mm 바늘로 옮긴다.

세팅 단(겉면): 바탕실을 사용해서 진동 중심에서 시작해, 6-6-8-8 [8-9-12-12] 13-15-18-18코 줍는다, 소매 코를 겉뜨기한다, 진동에서 6-6-8-8 [8-9-12-13] 13-15-18-18코 줍는다, 단코표시링을 걸어 단 시작을 표시하고 원통으로 잇는다. (총 80-82-88-90 [94-98-102-108] 118-124-138-146코)

겉뜨기로 10-11-8-8 [7-6-6-5] 4-4-3-3단 뜬다.

코줄임 단(겉면): 겉뜨기1, 왼코줄임, 왼손 바늘에 3코 남을 때까지 겉뜨기한다, 오른코줄임, 겉뜨기1. (2코 줄어듦)

코줄임 단을 11-12-9-9 [8-7-7-6] 5-5-4-4번째 단마다 7-7-9-9 [11-12-13-15] 18-20-25-28회 더 반복한다. (총 64-66-68-70 [70-72-74-76] 80-82-86-88코)

계속해서 소매 편물이 진동 중심에서 재서 39-39.5-39.5-39.5 [41-41-41-42] 42-42-42-42cm가 될 때까지 혹은 원하는 길이에서 6cm 모자랄 때까지 코줄임 없이 평단으로 진행한다.

코줄임 단: *겉뜨기2-2-2-2 [2-2-2-2] 3-3-3-3, 왼코줄임, 겉뜨기2-2-2-2 [2-3-3-3] 3-3-3-4, 왼코줄임*, *~*를 왼손 바늘에 0-2-4-6 [6-0-2-4] 0-2-6-0코 남을 때까지 반복한다, 단 끝까지 겉뜨기한다. (총 48-50-52-54 [54-56-58-60] 64-66-70-72코)

2.75mm 바늘로 바꾼다.

고무뜨기(꼬아뜨기로 겉뜨기1, 안뜨기1)로 20단 뜬다. 고무뜨기하면서 코막음한다.

요크 무늬, XXS-XS-S-M1 [M2-L1-L2] 사이즈

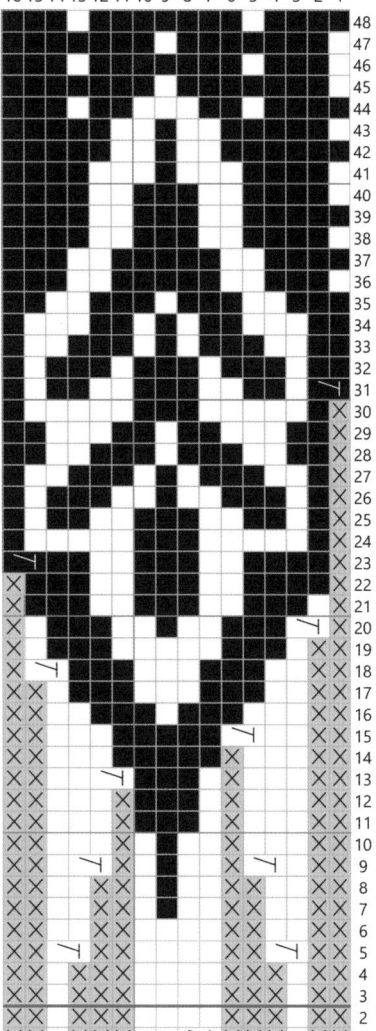

요크 무늬, [XL] 2XL-3XL-4XL-5XL 사이즈

	배색실
■	바탕실
⌐	겉뜨기1, 왼코늘림
×	코 없음
—	XXS 사이즈는 3단에서 시작한다

밑단 무늬

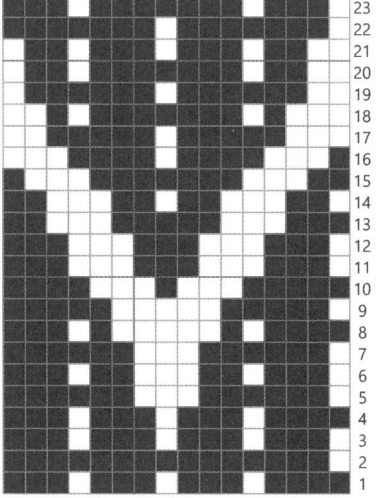

15

JUXTAPOSITION
적스타포지션 스웨터

'병치', '병렬'을 뜻하는 이름이 붙은 이 스웨터는 솔기 없이 위에서 아래로 내려 뜹니다.
둥근 요크이고, 스웨터 전체에 배색무늬가 병렬되어 있습니다.
바탕실과 배색실을 다른 색으로 사용할 수 있지만,
사진 속 작품은 그러데이션되는 실을 사용하되 바탕실을 밝은 쪽 끝에서 시작하고
배색실을 어두운 쪽 끝에서 시작해서 자연스러운 색 변화를 연출했습니다.

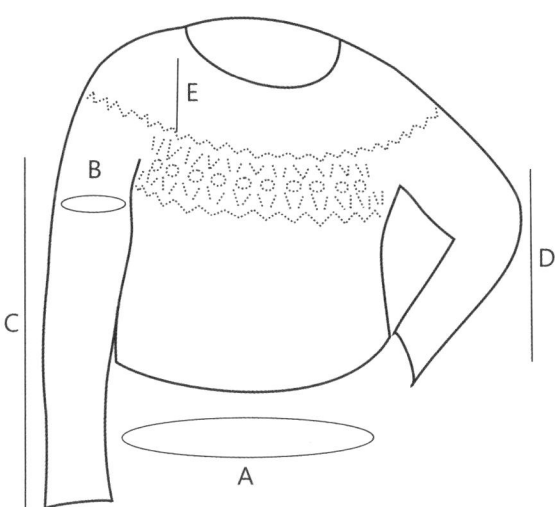

사이즈

XXS-XS-S-M1 [M2-L1-L2-XL] 2XL-3XL-4XL-5XL

이 스웨터는 여유분을 주어 디자인했다. 실제 가슴둘레에 약 6cm 여유분을 더한 사이즈를 선택하면 된다.

실

한두Handu의 메리노수키스Merinosukkis(메리노울 75%, 나일론 25%, 210m—50g), 혹은 다른 핑거링 굵기의 실.

사진 속 작품은 블랙-화이트 그러데이션 세트를 사용하되 바탕실은 밝은 쪽 끝에서 시작하고 배색실은 어두운 쪽 끝에서 시작했다.

바탕실: 4-4-4-4 [5-5-5-5] 6-6-7-8타래

배색실: 3-3-4-4 [4-4-4-5] 5-5-6-6타래

실 소요량

바탕실: 655-725-760-815 [855-930-985-1035] 1145-1245-1370-1500m

배색실: 545-610-635-680 [715-780-825-865] 960-1040-1150-1255m

바늘

100cm 길이 줄바늘 3.25mm

소매를 뜰 때 장갑바늘을 선호한다면 장갑바늘 3.25mm

정확한 게이지 치수를 얻기 위해 필요하다면 바늘 호수를 조절한다.

게이지

원통뜨기로 배색뜨기, 26코×31단=10×10cm(블로킹 후)

그 외 준비물

단코표시링 2개, 돗바늘

완성 치수

A. 가슴·엉덩이둘레: 80-86-92.5-98.5 [104.5-111-117-123] 135.5-141.5-154-166cm

B. 위팔둘레: 27.5-31-31-34 [34-37-40-40] 43-46-52.5-55.5cm

C. 소매길이: 45-46-46-46 [47-47-47.5-48] 48-48-48-48cm

D. 진동 중심에서 잰 몸판 길이: 26cm

E. 진동길이: 18.5-19.5-20-20 [21.5-22-22-23] 24.5-26-26.5-28.5cm

만드는 법

바탕실을 사용해서 108-108-108-108 [108-112-108-112] 120-116-116-120코 만든다, 단코표시링을 걸어 단 시작을 표시하고 원통으로 잇는다.

다음 단(겉면): (겉뜨기2, 안뜨기2)를 단 끝까지 반복한다.

이 고무뜨기로 9단 더 뜬다.

다음 단: 단 끝까지 겉뜨기한다.

다음 단(XXS-XS-S-M1 [M2-L1-L2-XL] 3XL-4XL-5XL 사이즈만 해당): *겉뜨기6-4-3-3 [3-2-2-2] 9-5-5, 왼코늘림, 겉뜨기6-5-4-3 [3-3-2-2] 10-6-5, 왼코늘림*, *~*를 왼손 바늘에 0-0-3-0 [0-2-0-0] 2-6-0코 남을 때까지 반복한다, 단 끝까지 겉뜨기한다. (총 126-132-138-144 [144-156-162-168] 128-136-144코)

다음 단(XXS-XS-S-M1 [M2-L1-L2-XL] 3XL-4XL-5XL 사이즈만 해당): 단 끝까지 겉뜨기한다.

이제 되돌아뜨기로 뒷목 경사를 만들 것이다.

1단(겉면): 겉뜨기37-40-42-44 [44-48-49-51] 34-38-41-44, 랩앤턴.

2단(안면): 안뜨기74-80-84-88 [88-96-98-102] 68-76-82-88, 랩앤턴.

3단: 되돌아뜨기 코를 만날 때까지 겉뜨기한다, 되돌아뜨기 코와 감긴 가닥을 함께 겉뜨기한다, 겉뜨기1-1-1-2 [2-2-2-2] 1-1-1-2, 랩앤턴.

4단: 되돌아뜨기 코를 만날 때까지 안뜨기한다, 되돌아뜨기 코와 감긴 가닥을 함께 안뜨기한다, 안뜨기1-1-1-2 [2-2-2-2] 1-1-1-2, 랩앤턴.

3~4단을 4회 더 반복한다.

다음 단(겉면): *되돌아뜨기 코를 만날 때까지 겉뜨기한다, 되돌아뜨기 코와 감긴 가닥을 함께 겉뜨기한다*, *~*를 1회 더 반복한다, 단 끝까지 겉뜨기한다.

요크

배색실을 연결해서, 각 단마다 무늬 도안을 21-22-23-24 [24-26-27-28] 30-32-34-36회 반복하며 요크 무늬를 뜬다. 사이즈에 따라 무늬 도안이 다르니 주의한다. (총 336-352-368-384 [384-416-432-448] 480-512-544-576코)

요크 무늬 1~44[46]단을 한 번 완성하면, 앞판 편물이 코를 잡은 가장자리에서 재서 18.5-19.5-20-20 [21.5-22-22-23] 24.5-26-26.5-28.5cm가 될 때까지 몸판 무늬 1~56단을 반복한다.

몸판

이제 소매 코를 안전핀에 옮겨 쉼코로 두고 진동에서 코를 잡는다. 감아코잡기로 바탕실과 배색실을 번갈아 가며 코를 잡는다.

세팅 단(겉면): 몸판 무늬로 51-53-56-59 [60-64-67-71] 77-81-84-90코 뜬다, *다음 66-70-72-74 [72-80-82-82] 86-94-104-108코를 안전핀에 옮겨 쉼코로 둔다, 2-6-8-10 [16-16-18-18] 22-22-32-36코 만든다*, 몸판 무늬로 102-106-112-118 [120-128-134-142] 154-162-168-180코 뜬다, *~*를 반복한다, 단코표시링까지 몸판 무늬로 뜬다. 이제 단 시작은 뒤판 중심에 있다. (총 208-224-240-256 [272-288-304-320] 352-368-400-432코)

계속해서 편물이 진동 중심에서 재서 22cm가 될 때까지 혹은 원하는 길이에서 4cm 모자랄 때까지 몸판 무늬로 진행한다. 배색실을 자른다.

다음 단: 바탕실을 사용해서, (겉뜨기2, 안뜨기2)를 단 끝까지 반복한다.

이 고무뜨기로 11단 더 뜬다. 고무뜨기하면서 코막음한다.

사진 속 작품처럼 그러데이션 염색 실로 스웨터를 작업할 경우, 소매에는 몸판에 사용한 실의 약 0.6배가 필요할 것이다.

소매

쉼코로 두었던 소매 코를 바늘로 옮긴다. 진동에서 코를 주울 때, 소매 코가 전 단의 몸판 무늬와 맞는지 확인하고 무늬 도안의 어느 코에서 시작하는지 확인해야 한다. 대체로 소매처럼 둘레가 좁은 편물을 뜨면 게이지가 타이트해지는 경향이 있기 때문에 소매를 뜰 때 바늘 호수를 높여도 좋다.

세팅 단(겉면): 바탕실과 배색실을 모두 사용해서 진동 중심에서 시작해, 몸판 무늬를 뜨며 3-5-4-7 [8-8-11-11] 13-13-16-18코 줍는다, 소매 코를 몸판 무늬로 뜬다, 몸판 무늬를 뜨며 진동에서 3-5-4-7 [8-8-11-11] 13-13-16-18코 줍는다, 단코표시링을 걸어 단 시작을 표시하고 원통으로 잇는다. (총 72-80-80-88 [88-96-104-104] 112-120-136-144코)

몸판 무늬로 9-9-9-9 [9-9-3-3] 3-3-3-3단 뜬다.

코줄임 단: 겉뜨기1, 왼코줄임, 왼손 바늘에 3코 남을 때까지 몸판 무늬로 뜬다, 오른코줄임, 겉뜨기1. (2코 줄어듦)

코줄임 단을 10-8-9-7 [7-6-5-6] 5-4-4-3번째 단마다 11-15-13-17 [17-19-23-21] 23-27-33-35회 더 반복한다. (총 48-48-52-52 [52-56-56-60] 64-64-68-72코)

계속해서 소매 편물이 진동 중심에서 재서 41-42-42-42 [43-43-43.5-44] 44-44-44-44cm가 될 때까지 혹은 원하는 길이에서 4cm 모자랄 때까지 코줄임 없이 평단으로 진행한다. 배색실을 자른다.

다음 단: 바탕실을 사용해서 (겉뜨기2, 안뜨기2)를 단 끝까지 반복한다.

이 고무뜨기로 11단 더 뜬다. 고무뜨기하면서 코막음한다.

요크 무늬, XXS-XS-S-M1 [M2-L1-L2-XL] 사이즈

요크 무늬, 2XL-3XL-4XL-5XL 사이즈

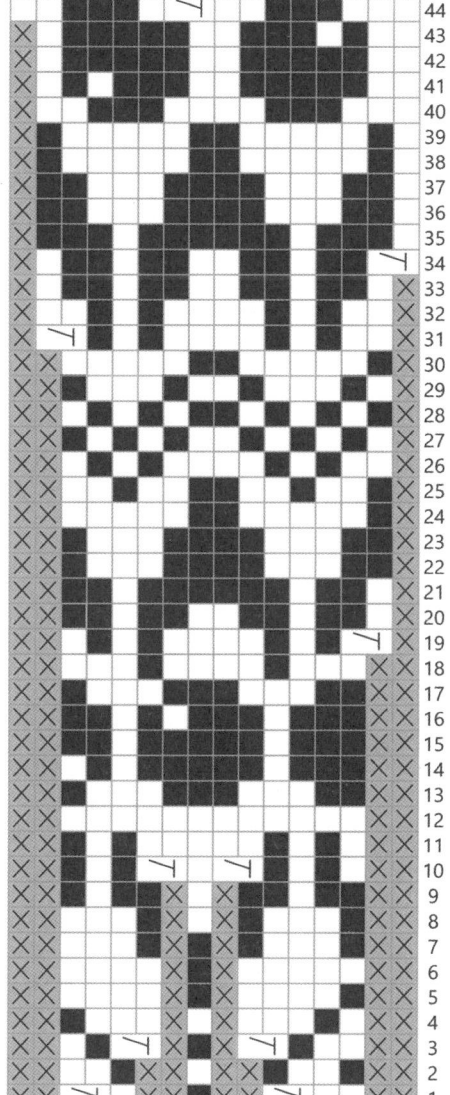
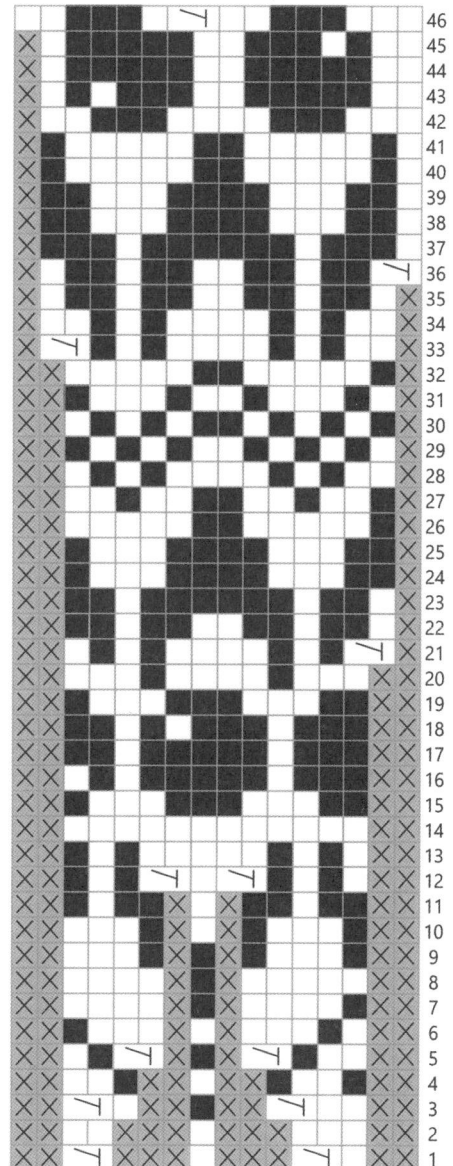

- 바탕실
- 배색실
- 겉뜨기1, 왼코줄임
- 코 없음

몸판 무늬

16

CALM
캄 원피스

솔기 없이 위에서 아래로 내려 뜨는 편하게 입기 좋은 원피스입니다. 둥근 요크에 귀여운 연꽃 무늬가 있습니다. 소매는 3/4 길이이고, 허리에 코줄임이 있고, 하늘거리는 밑단에는 요크의 꽃무늬와 대칭되는 무늬가 있습니다.

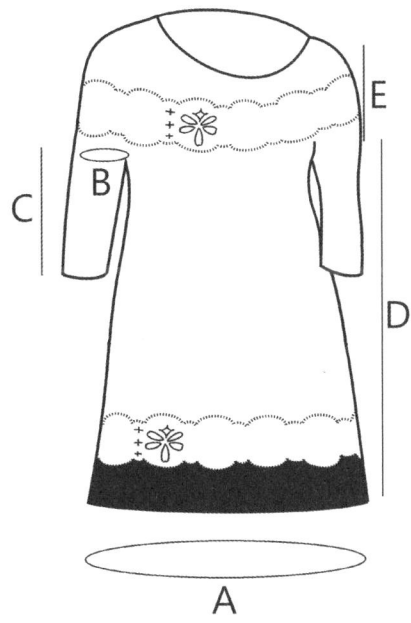

사이즈
XXS-XS-S-M1 [M2-L1-L2-XL] 2XL-3XL-4XL-5XL
이 드레스는 여유분을 주어 디자인했다. 실제 가슴둘레에 약 9cm 여유분을 더한 사이즈를 선택하면 된다.

실
아라Aara의 리나Liina(알파카울 50%, 리넨 25%, 실크 25%, 400m—100g), 혹은 다른 핑거링 굵기의 실.
사진 속 작품은 코루Koru(바탕실)와 얄로Jalo(배색실)를 사용했다.
바탕실: 3-3-3-3 [4-4-4-4] 4-5-5-6타래
배색실: 1타래

실 소요량
바탕실: 935-990-1085-1150 [1210-1285-1365-1440] 1595-1675-1785-2055m
배색실: 215-230-245-260 [265-275-295-305] 330-345-355-395m

바늘
100cm 길이 줄바늘 2.75mm, 3.0mm
소매를 뜰 때 장갑바늘을 선호한다면 장갑바늘 3.0mm
정확한 게이지 치수를 얻기 위해 필요하다면 바늘 호수를 조절한다.

게이지
3.0mm 바늘을 사용해 원통뜨기로 메리야스뜨기와 배색뜨기, 22코×34단=10×10cm(블로킹 후)

그 외 준비물
단코표시링 4개, 돗바늘

완성 치수
A. 가슴둘레: 85.5-89-94.5-102 [105.5-109-117.5-124.5] 135.5-144.5-153.5-171cm
A. 허리둘레: 78-82-85.5-91 [96.5-100-106.5-115.5] 128-137.5-148-156.5cm
A. 밑단둘레: 98-106.5-106.5-114.5 [114.5-122.5-131-139] 147.5-155.5-163.5-172cm
B. 위팔둘레: 27.5-29-32-32 [34.5-36.5-37.5-39] 42-44.5-51-53.5cm
C. 소매길이: 32-32-32-33 [33-34-34-34] 34-34-34-34cm
D. 진동 중심에서 잰 몸판길이: 65cm
E. 진동길이: 16.5-17-17.5-18 [19-20-20-21] 23-23.5-24.5-26.5cm

만드는 법

2.75mm 바늘과 바탕실을 사용해서, 일반코잡기로 98-98-98-98 [96-96-98-98] 98-98-98-98코 만든다, 단코표시링을 걸어 단 시작을 표시하고 원통으로 잇는다. 네크라인이 거의 딱 맞는 핏이므로 코를 잡은 가장자리가 너무 타이트하지 않은지 확인한다. 혹은 둥근 코잡기 같은 잘 늘어나는 코잡기 기법을 사용한다.

1단(겉면): (꼬아뜨기로 겉뜨기1, 안뜨기1)을 단 끝까지 반복한다.
1단을 9회 더 반복한다.

요크

3.0mm 바늘로 바꾼다.

다음 단: 바탕실을 사용해서, 단 끝까지 겉뜨기한다.

세팅 단(XXS-XS-S-M1 [L2-XL] 2XL-3XL-4XL-5XL 사이즈만 해당): *겉뜨기9-9-9-9 [24-24] 6-6-6-9, 왼코늘림, 겉뜨기10-10-10-10 [25-25] 6-6-6-10, 왼코늘림*, *~*를 왼손 바늘에 3-3-3-3 [0-0] 2-2-2-2코 남을 때까지 반복한다, 단 끝까지 겉뜨기한다. (총 108-108-108-108 [102-102] 114-114-114-108코)

다음 단(XXS-XS-S-M1 [L2-XL] 2XL-3XL-4XL-5XL 사이즈만 해당): 단 끝까지 겉뜨기한다.

1번째 요크 코늘림 단: *겉뜨기3-3-2-2 [1-1-1-1] 1-1-1-1, 왼코늘림, 겉뜨기3-3-2-2 [2-2-2-2] 2-2-2-1, 왼코늘림*, *~*를 단 끝까지 반복한다. (총 144-144-162-162 [160-160-170-170] 190-190-190-216코)
겉뜨기로 4-4-5-6 [6-8-8-9] 11-12-13-15단 뜬다.

2번째 요크 코늘림 단: *겉뜨기4-4-3-3 [2-2-2-2] 2-2-2-2, 왼코늘림, 겉뜨기4-4-3-3 [3-3-3-3] 3-3-3-2, 왼코늘림*, *~*를 단 끝까지 반복한다. (총 180-180-216-216 [224-224-238-238] 266-266-266-324코)
겉뜨기로 6-8-9-10 [12-14-14-17] 21-22-25-29단 뜬다.

3번째 요크 코늘림 단: *겉뜨기5-5-4-4 [3-3-3-3] 3-3-3-3, 왼코늘림, 겉뜨기5-5-4-4 [4-4-4-4] 4-4-4-3, 왼코늘림*, *~*를 단 끝까지 반복한다. (총 216-216-270-270 [288-288-306-306] 342-342-342-432코)

배색실을 연결해서, 각 단마다 무늬 도안을 12-12-15-15 [16-16-17-17] 19-19-19-24회 반복하며 요크 무늬를 뜬다.

배색실을 자르고 바탕실을 사용해서 2단 뜬다.

4번째 요크 코늘림 단: *겉뜨기6-6-5-5 [4-4-4-4] 4-4-4-4, 왼코늘림, 겉뜨기6-6-5-5 [5-5-5-5] 5-5-5-4, 왼코늘림*, *~*를 단 끝까지 반복한다. (총 252-252-324-324 [352-352-374-374] 418-418-418-540코)

이제 다음과 같이 단코표시링을 걸어 표시하고 되돌아뜨기로 경사를 만들 것이다. 첫 번째 되돌아뜨기는 소매에서 이뤄지고 마지막 되돌아뜨기는 앞판에서 이뤄진다.

세팅 단: 겉뜨기40-40-49-51 [54-54-58-59] 66-67-66-85, 단코표시링 건다(뒤판), 겉뜨기46-46-64-60 [68-68-70-68] 76-74-76-100, 단코표시링 건다(오른쪽 소매), 겉뜨기80-80-98-102 [108-108-117-119] 133-135-133-170, 단코표시링 건다(앞판), 겉뜨기46-46-64-60 [68-68-70-68] 76-74-76-100, 단코표시링 건다(왼쪽 소매), 단 끝까지 겉뜨기한다, 단코표시링 제거한다, 다음 단코표시링까지 겉뜨기한다. 이제 단 시작은 뒤판과 오른쪽 소매 사이에 있다.

1단(겉면): 겉뜨기30-30-48-44 [52-52-54-52] 60-58-60-84, 랩앤턴.

2단(안면): *단코표시링까지 안뜨기한다, 단코표시링 옮긴다*, *~*를 1회 더 반복한다, 안뜨기30-30-48-44 [52-52-54-52] 60-58-60-84, 랩앤턴.

3단: 단코표시링을 옮겨가며 되돌아뜨기 코를 만날 때까지 겉뜨기한다, 되돌아뜨기 코와 감긴 가닥을 함께 겉뜨기한다, 겉뜨기10, 랩앤턴.

4단: 단코표시링을 옮겨가며 되돌아뜨기 코를 만날 때까지 안뜨기한다, 되돌아뜨기 코와 감긴 가닥을 함께 안뜨기한다, 안뜨기10, 랩앤턴.
3~4단을 2회 더 반복한다.

다음 단(겉면): *단코표시링을 옮겨가며 되돌아뜨기 코를 만날 때까지 겉뜨기한다, 되돌아뜨기 코와 감긴 가닥을 함께 겉뜨기한다*, *~*를 1회 더 반복한다, 단 끝까지 겉뜨기한다.

계속해서 요크 앞판 편물이 코를 잡은 가장자리에서 재서 16.5-17-17.5-18 [19-20-20-21] 23-23.5-24.5-26.5cm가 될 때까지 메리야스뜨기한다.

몸판

세팅 단(겉면): *단코표시링 제거한다, 다음 46-46-64-60 [68-68-70-68] 76-74-76-100코를 안전핀에 옮겨 쉼코로 둔다, 감아코잡기로 7-9-3-5 [4-6-6-9] 8-12-18-9코 만든다, 단코표시링 건다, 감아코잡기로 7-9-3-5 [4-6-6-9] 8-12-18-9코 만든다, 단코표시링 제거한다, 단코표시링까지 겉뜨기한다*, *~*를 1회 더 반복한다. 이제 단 시작은 오른쪽 진동 중심에 있다. (총 188-196-208-224 [232-240-258-274] 298-318-338-376코)

겉뜨기로 10단 뜬다.

허리 코줄임 단: *겉뜨기1, 왼코줄임, 단코표시링 3코 전까지 겉뜨기한다, 오른코줄임, 겉뜨기1, 단코표시링 옮긴다*, *~*를 1회 더 반복한다. (4코 줄어듦)

허리 코줄임 단을 17-17-12-10 [12-9-9-11] 15-15-22-6번째 단마다 3-3-4-5 [4-4-5-4] 3-3-2-7회 더 반복한다. (총 172-180-188-200 [212-220-234-254] 282-302-326-344코)

겉뜨기로 20단 뜬다.

1번째 밑단 코늘림 단: *겉뜨기15-13-17-15 [21-18-18-19] 28-30-40-43, 왼코늘림, 겉뜨기16-14-17-15 [21-18-18-20] 28-30-41-43, 왼코늘림*, *~*를 4-5-4-5 [4-5-5-5] 4-4-3-3회 더 반복한다, 단 끝까지 겉뜨기한다, 왼코늘림을 1-1-1-1 [0-0-1-1] 0-0-0-0회 반복한다. (총 183-193-199-213 [222-232-247-267] 292-312-334-352코)

겉뜨기로 21-21-22-22 [22-23-23-23] 23-23-23-23단 뜬다.

2번째 밑단 코늘림 단: *겉뜨기16-13-16-16 [22-17-17-20] 26-31-37-39, 왼코늘림, 겉뜨기17-14-17-16 [22-18-18-21] 27-31-37-39, 왼코늘림*, *~*를 4-6-5-5 [4-5-6-5] 4-4-3-3회 더 반복한다, 단 끝까지 겉뜨기한다, 왼코늘림을 1-0-0-1 [0-1-0-1] 1-0-1-1회 반복한다.

(총 194-207-211-226 [232-245-261-280] 303-322-343-361코)
겉뜨기로 29-29-29-29 [30-30-31-31] 31-31-31-31단 뜬다.

3번째 밑단 코늘림 단: *겉뜨기17-15-19-17 [23-20-20-21] 30-32-42-45, 왼코늘림, 겉뜨기18-16-19-17 [23-20-20-22] 30-32-43-45, 왼코늘림*, *~*를 4-5-4-5 [4-5-5-5] 4-4-3-3회 더 반복한다, 단 끝까지 겉뜨기한다, 왼코늘림을 1-1-1-1 [0-0-1-1] 0-0-0-0회 반복한다. (총 205-220-222-239 [242-257-274-293] 313-332-351-369코)

겉뜨기로 34-34-35-35 [35-36-37-37] 38-38-38-38단 뜬다.

4번째 밑단 코늘림 단: *겉뜨기18-15-18-18 [24-19-19-22] 28-33-39-41, 왼코늘림, 겉뜨기19-16-19-18 [24-20-20-23] 28-33-39-41, 왼코늘림*, *~*를 4-6-5-5 [4-5-6-5] 4-4-3-3회 더 반복한다, 단 끝까지 겉뜨기한다, 왼코늘림을 1-0-0-1 [0-1-0-1] 1-0-1-1회 반복한다. (총 216-234-234-252 [252-270-288-306] 324-342-360-378코)

계속해서 몸판 편물이 진동 중심에서 재서 50.5cm가 될 때까지 혹은 원하는 길이에서 14.5cm 모자랄 때까지 메리야스뜨기한다.

배색실을 연결해서 각 단마다 무늬 도안을 12-13-13-14 [14-15-16-17] 18-19-20-21회 반복하며 밑단 무늬를 뜬다.

바탕실을 자르고 배색실을 사용해서 겉뜨기로 18단 뜬다.

2.75mm 바늘로 바꾼다.

다음 단: (꼬아뜨기로 겉뜨기1, 안뜨기1)을 단 끝까지 반복한다.

이 꼬아고무뜨기 단을 9회 더 반복한다. 잘 늘어나는 코막음 기법을 사용해서 코막음한다.

소매

쉼코로 두었던 소매 코를 3.0mm 바늘로 옮긴다.

세팅 단(겉면): 바탕실을 사용해서 진동 중심에서 시작해, 7-9-3-5 [4-6-6-9] 8-12-18-9코 줍는다, 소매 코를 겉뜨기한다, 진동에서 7-9-3-5 [4-6-6-9] 8-12-18-9코 줍는다, 단코표시링을 걸어 단 시작을 표시하고 원통으로 잇는다. (총 60-64-70-70 [76-80-82-86] 92-98-112-118코)

겉뜨기로 10단 뜬다.

코줄임 단: 겉뜨기1, 왼코줄임, 왼손 바늘에 3코 남을 때까지 겉뜨기한다, 오른코줄임, 겉뜨기1. (2코 줄어듦)

코줄임 단을 17-14-9-11 [8-7-7-7] 6-5-4-3번째 단마다 5-6-9-8 [11-12-12-13] 15-17-22-24회 더 반복한다. (총 48-50-50-52 [52-54-56-58] 60-62-66-68코)

계속해서 소매 편물이 진동 중심에서 재서 29-29-29-30 [30-31-31-31] 31-31-31-31cm가 될 때까지 혹은 원하는 길이에서 3cm 모자랄 때까지 코줄임 없이 평단으로 진행한다.

2.75mm 바늘로 바꾼다.

다음 단: (꼬아뜨기로 겉뜨기1, 안뜨기1)을 단 끝까지 반복한다.

이 꼬아고무뜨기 단을 9회 더 반복한다. 고무뜨기하면서 코막음한다.

요크 무늬

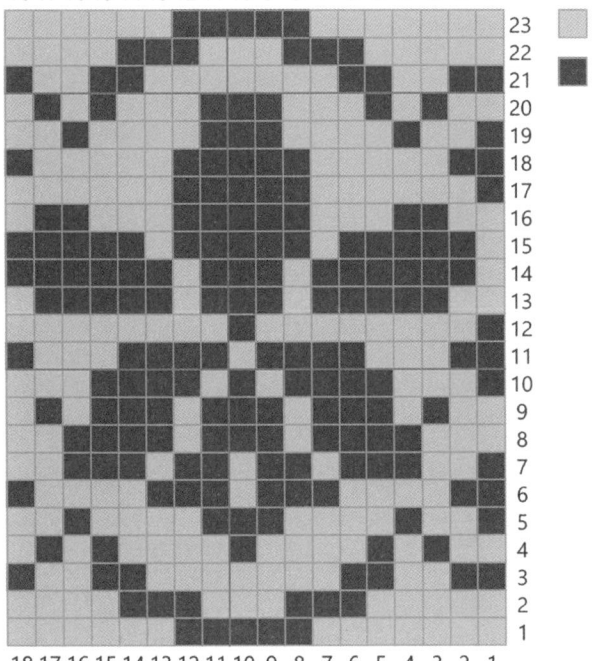

밑단 무늬

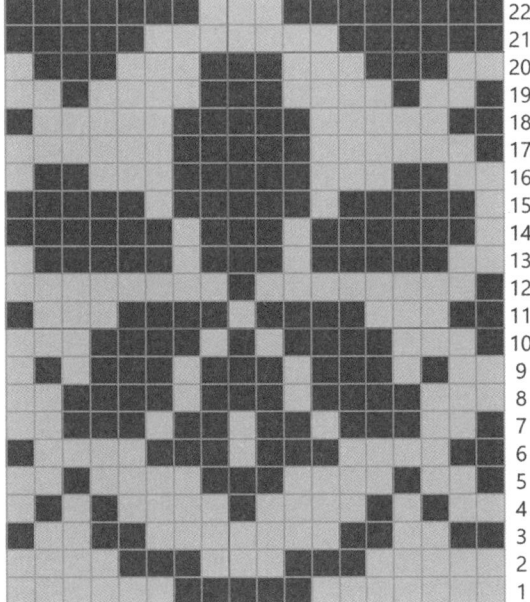

17

HEARTS ON A STRING
하츠 온 어 스트링 스웨터

밑단에 아름다운 하트 모양 다마스크 무늬가 있는 편안한 스웨터입니다.
솔기 없이 위에서 아래로 내려 뜨고, 긴소매에 몸판은 약간 A라인 형태입니다.
3가지 색 무늬는 집중력을 필요로 하지만, 그만큼 가치가 있습니다.

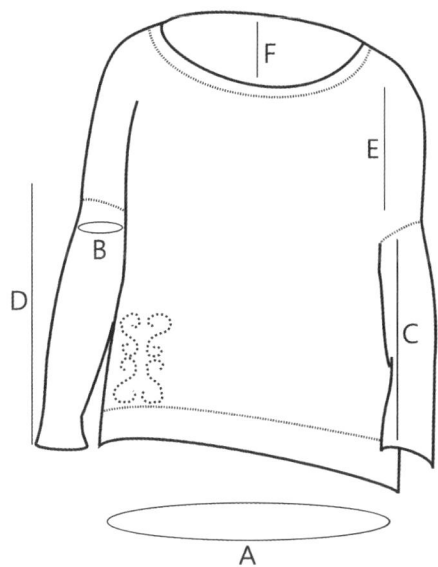

사이즈
XS-S-M [L-XL-2XL] 3XL-4XL-5XL
이 스웨터는 여유분을 주어 디자인했다. 실제 가슴둘레에 약 20cm 여유분을 더한 사이즈를 선택하면 된다.

실
누르야Nurja의 메리노 삭Merino Sock 3합(슈퍼워시 메리노울 80%, 나일론 20%, 풍부한 꼬임, 300m—100g), 혹은 다른 스포트 굵기의 실. 사진 속 작품은 아프리칸 테흐티Afrikan tähti(바탕실), 제트Jet(배색실1), 루벨리티Rubelliitti(배색실2) 색상을 사용했다.
바탕실: 3-3-3 [4-4-4] 4-5-5타래
배색실1: 1-1-1 [1-1-2] 2-2-2타래
배색실2: 1타래

실 소요량
바탕실: 650-730-850 [925-995-1105] 1200-1345-1480m
배색실1: 230-240-255 [265-280-320] 335-360-385m
배색실2: 120-130-145 [155-165-180] 190-205-220m

바늘
100cm 길이의 줄바늘 3.5mm, 3.75mm
소매를 뜰 때 장갑바늘을 선호한다면 장갑바늘 3.5mm
정확한 게이지 치수를 얻기 위해 필요하다면 바늘 호수를 조절한다.

게이지
3.75mm 바늘을 사용해서 원통뜨기로 배색뜨기, 24코×30단=10×10cm(블로킹 후)
3.5mm 바늘을 사용해서 원통뜨기로 메리야스뜨기, 23코×33단=10×10cm(블로킹 후)

그 외 준비물
단코표시링 4개, 자투리실, 모사용 코바늘 6호(3.5mm), 돗바늘

완성 치수
A. 가슴둘레: 97.5-106-116.5 [128.5-135.5-149.5] 156.5-165-177.5cm
A. 엉덩이둘레: 100-110-120 [130-140-150] 160-170-180cm
B. 위팔둘레: 29.5-32-35.5 [38.5-40-43.5] 46-51.5-55cm
C. 소매길이: 41.5-43-44 [44-45-44.5] 47-47.5-48cm
D. 진동 중심에서 잰 몸판길이: 32cm
E. 진동길이: 15.5-17-18.5 [20-21-22.5] 21.5-24-26cm
F. 네크라인길이: 8cm

만드는 법

자투리실과 코바늘을 사용해서 별실코잡기로, 3.5mm 바늘에 34-39-44 [51-55-60] 58-63-68코씩 두 세트 만드는데, 두 세트 사이 실은 자른다.

세팅 단(겉면): 바탕실을 사용해서, 첫 번째 세트 코를 겉뜨기한다, 감아코잡기로 44-44-46 [46-46-52] 52-52-56코 만든다, 두 번째 세트 코를 겉뜨기한다. (총 112-122-134 [148-156-172] 168-178-192코)

세탕 단(안면): 단 끝까지 안뜨기한다.

뒤판

이제 되돌아뜨기로 어깨 경사를 만들 것이다.

1단(겉면): 겉뜨기81-86-94 [102-106-118] 115-121-130, 랩앤턴.
2단(안면): 안뜨기50-50-54 [56-56-64] 62-64-68, 랩앤턴.
3단: 되돌아뜨기 코를 만날 때까지 겉뜨기한다, 되돌아뜨기 코를 감긴 가닥과 함께 겉뜨기한다, 겉뜨기2-2-3 [4-4-5] 4-5-5, 랩앤턴.
4단: 되돌아뜨기 코를 만날 때까지 안뜨기한다, 되돌아뜨기 코를 감긴 가닥과 함께 안뜨기한다, 안뜨기2-2-3 [4-4-5] 4-5-5, 랩앤턴.
3~4단을 7회 더 반복한다.
19단(겉면): 되돌아뜨기 코를 만날 때까지 겉뜨기한다, 되돌아뜨기 코를 감긴 가닥과 함께 겉뜨기한다, 단 끝까지 겉뜨기한다.
20단(안면): 되돌아뜨기 코를 만날 때까지 안뜨기한다, 되돌아뜨기 코를 감긴 가닥과 함께 안뜨기한다, 단 끝까지 안뜨기한다.
계속해서 뒤판 편물이 가장자리에서 재서 15.5-17-18.5 [20-21-22.5] 21.5-24-26cm가 될 때까지 메리야스뜨기로 진행하는데, 마지막으로 뜨는 단이 안면 단이 되도록 끝낸다. 실을 자르고 뒤판 코를 안전핀에 옮겨 쉼코로 둔다.

왼쪽 앞판

이제 왼쪽 앞판 코를 주워 되돌아뜨기로 어깨 경사를 만들고 동시에 단 시작에서 네크라인 코늘림을 시작할 것이다(다음의 되돌아뜨기 부분 설명을 참고한다).

별실코잡기 실을 조심해서 풀어내, 3.5mm 바늘에 왼쪽 어깨 34-39-44 [51-55-60] 58-63-68코 줍는다.

1단(겉면): 단 끝까지 겉뜨기한다.
2단(안면): 단 끝까지 안뜨기한다.
3단: 겉뜨기3-3-4 [5-5-6] 5-6-6, 랩앤턴.
4단: 단 끝까지 안뜨기한다.
5단: 되돌아뜨기 코를 만날 때까지 겉뜨기한다, 되돌아뜨기 코를 감긴 가닥과 함께 겉뜨기한다, 겉뜨기2-2-3 [4-4-5] 4-5-5, 랩앤턴.
4~5단을 7회 더 반복하는데 동시에 네크라인 코늘림도 진행한다.
20단(안면): 단 끝까지 안뜨기한다.
21단(겉면): 되돌아뜨기 코를 만날 때까지 겉뜨기한다, 되돌아뜨기 코를 감긴 가닥과 함께 겉뜨기한다, 단 끝까지 겉뜨기한다.
동시에, 편물이 네크라인에서 재서 3cm가 되면 다음과 같이 안면 단 끝에서 코를 만들기 시작한다:
1단(안면): 단 끝까지 안뜨기한다, 감아코잡기로 1코 만든다.
2~4단: 이미 만들어진 규칙대로 메리야스뜨기하고 되돌아뜨기한다.
5단: 1단과 동일하게 뜬다.
6단(그리고 이어지는 모든 겉면 단): 이미 만들어진 규칙대로 되돌아뜨기하면서, 모든 코 겉뜨기한다.
7단: 1단과 동일하게 뜬다.
9단: 단 끝까지 안뜨기한다, 감아코잡기로 2코 만든다.
11단: 9단과 동일하게 뜬다.
13단: 단 끝까지 안뜨기한다, 감아코잡기로 3코 만든다.
15단: 단 끝까지 안뜨기한다, 감아코잡기로 4-4-5 [5-5-6] 6-6-6코 만든다.
어깨 되돌아뜨기와 네크라인 코잡기를 완성하면, 실을 자르고 왼쪽 앞판 코를 안전핀에 옮겨 쉼코로 둔다.

오른쪽 앞판

별실코잡기 실을 조심해서 풀어내, 3.5mm 바늘에 오른쪽 어깨 34-39-44 [51-55-60] 58-63-68코 줍는다.

1단(안면): 단 끝까지 안뜨기한다.
2단(겉면): 단 끝까지 겉뜨기한다.
3단: 안뜨기3-3-4 [5-5-6] 5-6-6, 랩앤턴.
4단: 단 끝까지 겉뜨기한다.
5단: 되돌아뜨기 코를 만날 때까지 안뜨기한다, 되돌아뜨기 코를 감긴 가닥과 함께 안뜨기한다, 안뜨기2-2-3 [4-4-5] 4-5-5, 랩앤턴.
4~5단을 7회 더 반복하는데 동시에 네크라인 코늘림도 진행한다.
20단(겉면): 단 끝까지 겉뜨기한다.
21단(안면): 되돌아뜨기 코를 만날 때까지 안뜨기한다, 되돌아뜨기 코를 감긴 가닥과 함께 안뜨기한다, 단 끝까지 안뜨기한다.
동시에, 오른쪽 앞판 편물이 네크라인에서 재서 3cm가 되면 다음과 같이 겉면 단 끝에서 코를 만들기 시작한다:
1단(겉면): 단 끝까지 겉뜨기한다, 감아코잡기로 1코 만든다.
2~4단: 이미 만들어진 규칙대로 메리야스뜨기하고 되돌아뜨기한다.
5단: 1단과 동일하게 뜬다.
6단(그리고 이어지는 모든 안면 단): 이미 만들어진 규칙대로 되돌아뜨기하면서, 모든 코 안뜨기한다.
7단: 1단과 동일하게 뜬다.
9단: 단 끝까지 겉뜨기한다, 감아코잡기로 2코 만든다.
11단: 9단과 동일하게 뜬다.
13단: 단 끝까지 겉뜨기한다, 감아코잡기로 3코 만든다.
15단: 단 끝까지 겉뜨기한다, 감아코잡기로 4-4-5 [5-5-6] 6-6-6코 만든다.
16단: 단 끝까지 안뜨기한다.
어깨 되돌아뜨기와 네크라인 코잡기를 완성하면, 앞판 연결하기 부분으로 간다.

앞판 연결하기

세팅 단(겉면): 오른쪽 앞판 코를 겉뜨기한다, 감아코잡기로 16-16-16 [16-16-20] 20-20-24코 만든다, 쉼코로 두었던 왼쪽 앞판 코를 바늘로 옮기고 겉뜨기한다. (총 112-122-134 [148-156-172] 168-178-

192코)

다음 단(안면): 단 끝까지 안뜨기한다.

다음 단: 단 끝까지 겉뜨기한다.

계속해서 앞판 편물이 가장자리에서 재서 15.5-17-18.5 [20-21-22.5] 21.5-24-26cm가 될 때까지 메리야스뜨기하는데, 마지막으로 뜨는 단이 안면 단이 되도록 끝낸다.

몸판

세팅 단(겉면): 단 끝까지 겉뜨기한다, 감아코잡기로 0-0-0 [0-0-0] 6-6-6코 만든다, 단코표시링 건다, 0-0-0 [0-0-0] 6-6-6코 만든다, 쉼코로 두었던 뒤판 코를 바늘로 옮기고 겉뜨기한다, 0-0-0 [0-0-0] 6-6-6코 만든다, 단코표시링 건다, 0-0-0 [0-0-0] 6-6-6코 만든다, 원통으로 잇고 단코표시링까지 겉뜨기한다. 이제 단 시작은 왼쪽 진동 중심에 있다. (총 224-244-268 [296-312-344] 360-380-408코)

다음 단(겉면): 단코표시링을 만나면 옮겨가며, 단 끝까지 겉뜨기한다.

원한다면 여기서 가슴 다트를 넣어도 좋다. 컵 사이즈에 따라 가슴에서 가장 높은 곳(가장 넓은 부분)에서 다트를 넣는다. 가슴 다트를 넣지 않는다면, 이 과정을 건너뛰고, '가슴 다트를 뜬 후' 부분으로 간다.

C/D컵 가슴 다트

1단(겉면): 왼쪽 옆선 단코표시링 19-20-22 [23-24-26] 27-29-30코 전까지 겉뜨기한다, 랩앤턴.

2단(안면): 오른쪽 옆선 단코표시링 19-20-22 [23-24-26] 27-29-30코 전까지 안뜨기한다, 랩앤턴.

3단: 마지막 되돌아뜨기 6-7-7 [8-8-9] 9-10-10코 전까지 겉뜨기한다, 랩앤턴.

4단: 마지막 되돌아뜨기 6-7-7 [8-8-9] 9-10-10코 전까지 안뜨기한다, 랩앤턴.

3~4단을 2회 더 반복한다.

9단(겉면): 되돌아뜨기 코를 만나면 감긴 가닥과 함께 겉뜨기하면서, 단 끝까지 겉뜨기한다.

10단(겉면): 남은 되돌아뜨기 코를 만나면 감긴 가닥과 함께 겉뜨기하면서, 단 끝까지 겉뜨기한다.

E/F컵 가슴 다트

1단(겉면): 왼쪽 옆선 단코표시링 19-20-22 [23-24-26] 27-29-30코 전까지 겉뜨기한다, 랩앤턴.

2단(안면): 오른쪽 옆선 단코표시링 19-20-22 [23-24-26] 27-29-30코 전까지 안뜨기한다, 랩앤턴.

3단: 마지막 되돌아뜨기 5-5-6 [6-6-7] 7-7-8코 전까지 겉뜨기한다, 랩앤턴.

4단: 마지막 되돌아뜨기 5-5-6 [6-6-7] 7-7-8코 전까지 안뜨기한다, 랩앤턴.

3~4단을 3회 더 반복한다.

11단(겉면): 되돌아뜨기 코를 만나면 감긴 가닥과 함께 겉뜨기하면서, 단 끝까지 겉뜨기한다.

12단(겉면): 남은 되돌아뜨기 코를 감긴 가닥과 함께 겉뜨기하면서, 단 끝까지 겉뜨기한다.

G/H컵 가슴 다트

1단(겉면): 왼쪽 옆선 단코표시링 19-20-22 [23-24-26] 27-29-30코 전까지 겉뜨기한다, 랩앤턴.

2단(안면): 오른쪽 옆선 단코표시링 19-20-22 [23-24-26] 27-29-30코 전까지 안뜨기한다, 랩앤턴.

3단: 마지막 되돌아뜨기 3-3-4 [4-4-4] 5-5-5코 전까지 겉뜨기한다, 랩앤턴.

4단: 마지막 되돌아뜨기 3-3-4 [4-4-4] 5-5-5코 전까지 안뜨기한다, 랩앤턴.

3~4단을 5회 더 반복한다.

16단(겉면): 되돌아뜨기 코를 만나면 감긴 가닥과 함께 겉뜨기하면서, 단 끝까지 겉뜨기한다.

17단(겉면): 남은 되돌아뜨기 코를 만나면 감긴 가닥과 함께 겉뜨기하면서, 단 끝까지 겉뜨기한다.

가슴 다트를 뜬 후

겉뜨기로 5-4-4 [5-4-5] 3-3-4단 뜬다.

코늘림 단: *겉뜨기1, m1l코늘림, 단코표시링 1코 전까지 겉뜨기한다, m1r코늘림, 겉뜨기1, 단코표시링 옮긴다*, *~*를 1회 더 반복한다. (4코 늘어남)

코늘림 단을 6-5-5 [6-5-6] 4-4-5번째 단마다 3-4-4 [3-5-3] 5-6-5회 더 반복한다. (총 240-264-288 [312-336-360] 384-408-432코)

계속해서 몸판 편물이 진동 중심에서 재서 9.5cm가 될 때까지 메리야스뜨기한다.

3.75mm 바늘로 바꾼다.

배색실1과 배색실2를 연결해서, 밑단 무늬를 뜬다. 각 단마다 무늬 도안을 10-11-12 [13-14-15] 16-17-18회 반복한다.

바탕실과 배색실2를 자른다, 3.5mm 바늘로 바꾼다.

다음 단: 배색실1을 사용해서, 단코표시링을 만나면 옮겨가며, 단 끝까지 겉뜨기한다.

다음 단: 단코표시링을 만나면 옮겨가며, (겉뜨기2, 안뜨기2)를 단 끝까지 반복한다.

이 고무뜨기로 13단 더 뜬다. 고무뜨기하면서 코막음한다.

소매

세팅 단(겉면): 바탕실과 3.5mm 바늘을 사용해서 진동 중심에서 시작해, 진동 둘레를 따라서 68-74-82 [88-92-100] 106-118-126코 줍는다, 단코표시링을 걸어 단 시작을 표시하고 원통으로 잇는다. (3단마다 대략 2코 줍는다.)

겉뜨기로 9-9-9 [9-9-9] 3-3-3단 뜬다.

코줄임 단: 겉뜨기1, 왼코줄임, 왼손 바늘에 3코 남을 때까지 겉뜨기한다, 오른코줄임, 겉뜨기1. (2코 줄어듦)

코줄임 단을 10-8-7 [6-6-6] 5-5-4번째 단마다 11-14-16 [19-19-21] 24-28-30회 더 반복한다. (총 44-44-48 [48-52-56] 56-60-64코) 계속해서 소매 편물이 진동 중심에서 재서 36.5-38-38.5 [39-40-39.5] 43.5-43.5-44cm가 될 때까지 혹은 원하는 길이에서 4.5cm 모자랄 때까지 코줄임 없이 평단으로 진행한다.
다음 단: (겉뜨기2, 안뜨기2)를 단 끝까지 반복한다.
이 고무뜨기로 11단 더 뜬다. 고무뜨기하면서 코막음한다.

넥밴드
세팅 단(겉면): 3.5mm 바늘과 바탕실을 사용해서, 오른쪽 어깨에서 시작해 네크라인을 따라서 102-102-106 [106-106-118] 118-118-126코 줍는다, 단코표시링을 걸어 단 시작을 표시하고 원통으로 잇는다. (수평인 부분—즉, 뒷목과 앞판 중심—에서는 1코마다 1코 줍고, 앞판의 수직인 부분에서는 3단마다 2코 줍는다.)
다음 단: (꼬아뜨기로 겉뜨기1, 안뜨기1)을 단 끝까지 반복한다.
이 꼬아고무뜨기로 7-7-7 [7-7-11] 11-11-11단 더 뜬다.
코막음한다.

밑단 무늬

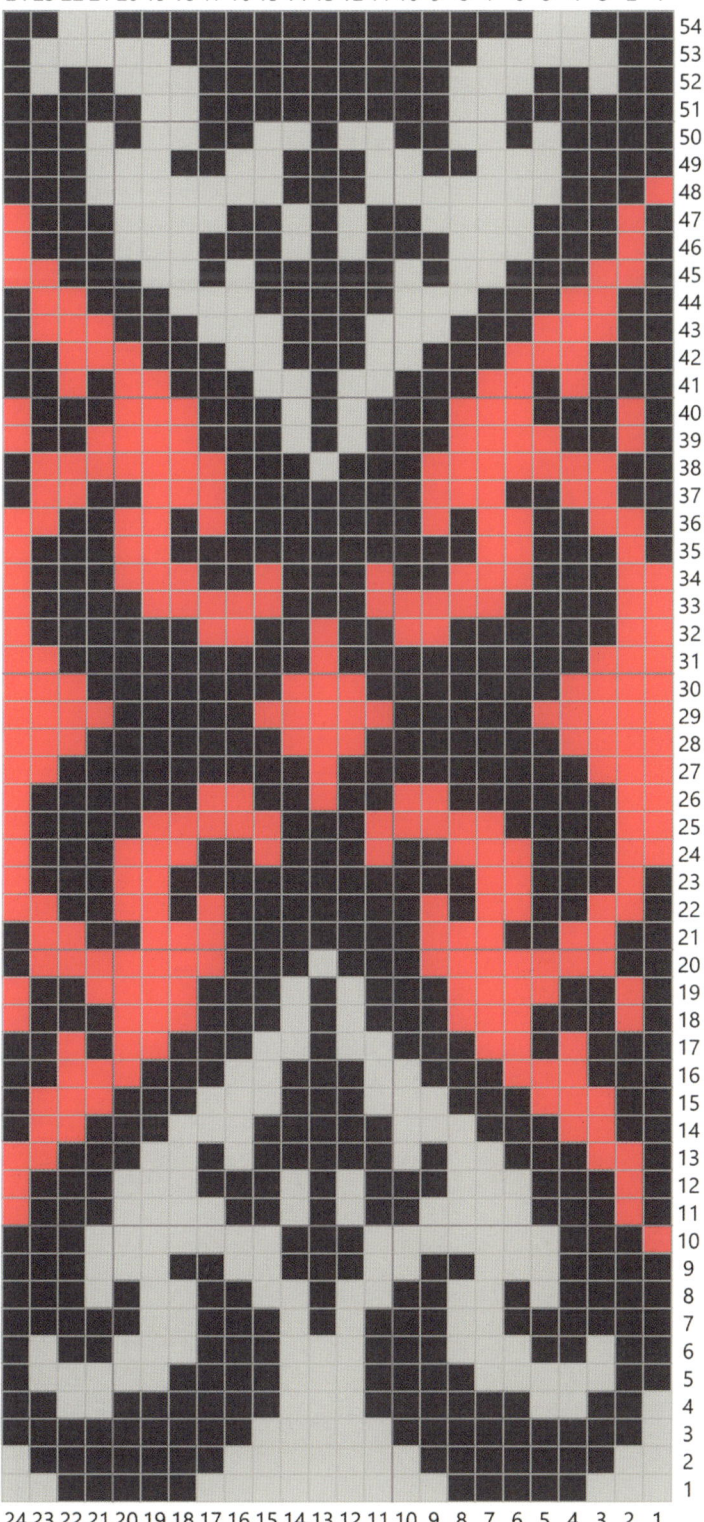

우드랜드는 귀여운 배색이 들어간 박시한 카디건입니다. 솔기 없이 위에서 아래로 내려 뜨고
긴소매이며 어깨는 되돌아뜨기로 경사를 만듭니다. 몸판은 원통으로 뜨고 완성 후 스틱을 잘라
앞판을 둘로 나눠 카디건 형태를 만듭니다. 스틱을 생략하면 도안을 쉽게 풀오버로 수정할 수 있습니다.

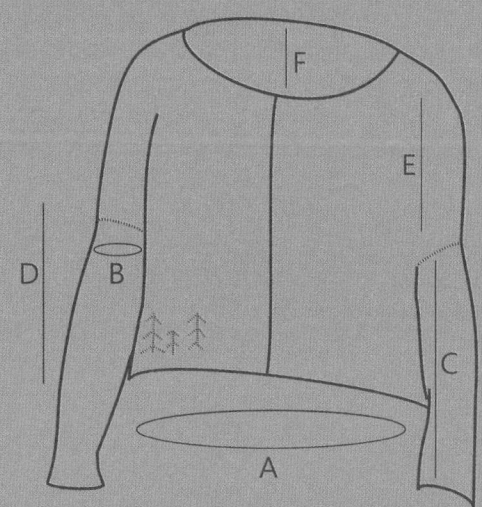

사이즈
XXS-XS-S-M1 [M2-L1-L2-XL] 2XL-3XL-4XL-5XL
이 스웨터는 여유분을 주어 디자인했다. 실제 가슴둘레에 약 20cm 여유분을 더한 사이즈를 선택하면 된다.

실
G-울드G-uld의 뉴질랜드 람메울드New Zealandsk Lammeuld(슈퍼워시 가공하지 않은 울 100%, 2합, 450m—100g), 혹은 다른 라이트핑거링 굵기의 실.
사진 속 작품은 우파르베트Ufarvet-NZLg2(바탕실) 그리고 링Lyng(배색실) 색상을 사용했다.
바탕실: 2-2-2-3 [3-3-3-3] 3-4-4-4타래
배색실: 1-1-1-1 [1-1-1-1] 1-1-2-2타래

실소요량
바탕실: 765-820-880-920 [990-1035-1095-1195] 1330-1435-1620-1750m
배색실: 275-285-300-320 [330-345-360-385] 420-440-470-505m

바늘
100cm 길이 줄바늘 3.0mm, 3.25mm
소매를 뜰 때 장갑바늘을 선호한다면 장갑바늘 3.0mm
정확한 게이지 치수를 얻기 위해 필요하다면 바늘 호수를 조절한다.

게이지
3.25mm 바늘을 사용해서 원통뜨기로 배색뜨기, 24코×32단=10×10cm(블로킹 후)
3.0mm 바늘을 사용해서 원통뜨기로 메리야스뜨기, 24코×35단=10×10cm(블로킹 후)

그 외 준비물
단코표시링 4개, 자투리실, 모사용 코바늘 6호(3.5mm), 돗바늘, 단추 7~8개(지름 1.4cm), 3.0mm 이하 호수의 줄바늘 여분 2개

완성 치수
A. 가슴·엉덩이둘레: 96.5-101.5-106.5-113.5 [116.5-121.5-128.5-136.5] 148.5-155-165-178.5cm
B. 위팔둘레: 30-31.5-33.5-34 [36.5-37.5-39-41.5] 45-46.5-52.5-55cm
C. 소매길이: 41-42-42-42 [43-43-43.5-44] 44-47-47-46.5cm
D. 진동 중심에서 잰 몸판길이: 27cm
E. 진동길이: 15.5-16.5-17-17.5 [19-19.5-20-21.5] 23-21.5-24.5-25.5cm
F. 네크라인길이: 7.5cm

만드는 법

밑단 무늬 도안은 이 책 마지막에 별지로 첨부했다.

자투리실과 코바늘을 사용해서 별실코잡기로, 3.0mm 줄바늘에 36-38-41-45 [46-49-53-58] 62-60-66-72코씩 두 세트 만드는데, 두 세트 사이 실은 자른다.
세팅 단(겉면): 바탕실을 사용해서, 첫 번째 세트 코를 겉뜨기한다, 감아코잡기로 44-46-46-46 [48-48-48-48] 54-54-54-58코 만든다, 두 번째 세트 코를 겉뜨기한다. (총 116-122-128-136 [140-146-154-164] 178-174-186-202코)
세팅 단(안면): 단 끝까지 안뜨기한다.

뒤판
이제 되돌아뜨기로 어깨 경사를 만들 것이다.
1단(겉면): 겉뜨기83-87-90-95 [98-101-105-111] 121-119-126-136, 랩앤턴.
2단(안면): 안뜨기50-52-52-54 [56-56-56-58] 64-64-66-70, 랩앤턴.
3단: 되돌아뜨기 코를 만날 때까지 겉뜨기한다, 되돌아뜨기 코와 감긴 가닥을 함께 겉뜨기한다, 겉뜨기2-2-2-3 [3-3-3-4] 4-4-5-5, 랩앤턴.
4단: 되돌아뜨기 코를 만날 때까지 안뜨기한다, 되돌아뜨기 코와 감긴 가닥을 함께 안뜨기한다, 안뜨기2-2-2-3 [3-3-3-4] 4-4-5-5, 랩앤턴.
3~4단을 8회 더 반복한다.
21단(겉면): 되돌아뜨기 코를 만날 때까지 겉뜨기한다, 되돌아뜨기 코와 감긴 가닥을 함께 겉뜨기한다, 단 끝까지 겉뜨기한다.
22단(안면): 되돌아뜨기 코를 만날 때까지 안뜨기한다, 되돌아뜨기 코와 감긴 가닥을 함께 안뜨기한다, 단 끝까지 안뜨기한다.
계속해서 뒤판 편물이 가장자리에서 재서 15.5-16.5-17-17.5 [19-19.5-20-21.5] 23-21.5-24.5-25.5cm가 될 때까지 메리야스뜨기하는데, 마지막으로 뜨는 단이 안면 단이 되도록 끝낸다. 뒤판 코를 안전핀에 옮겨 쉼코로 둔다.

왼쪽 앞판
이제 왼쪽 앞판 코를 주워 되돌아뜨기로 어깨 경사를 만드는데, 동시에 네크라인에서 코를 만든다(다음의 되돌아뜨기 설명을 참고한다).
별실코잡기 실을 조심해서 풀어내, 3.0mm 바늘에 왼쪽 어깨 36-38-41-45 [46-49-53-58] 62-60-66-72코 줍는다.
1단(겉면): 바탕실을 사용해서, 단 끝까지 겉뜨기한다.
2단(안면): 단 끝까지 안뜨기한다.
3단: 겉뜨기3-3-3-4 [4-4-4-5] 5-5-6-6, 랩앤턴.
4단: 단 끝까지 안뜨기한다.
5단: 되돌아뜨기 코를 만날 때까지 겉뜨기한다, 되돌아뜨기 코와 감긴 가닥을 함께 겉뜨기한다, 겉뜨기2-2-2-3 [3-3-3-4] 4-4-5-5, 랩앤턴.
4~5단을 8회 더 반복하는데, 동시에 네크라인 코늘림을 진행한다.
21단(겉면): 단 끝까지 안뜨기한다.
22단(겉면): 되돌아뜨기 코를 만날 때까지 겉뜨기한다, 되돌아뜨기 코와 감긴 가닥을 함께 겉뜨기한다, 단 끝까지 겉뜨기한다.
동시에 왼쪽 앞판 편물이 네크라인에서 재서 3cm가 되면, 다음과 같이 안면 단 끝에서 코잡기를 시작한다:
1단(안면): 단 끝까지 안뜨기한다, 케이블코잡기로 1코 만든다.
2~4단: 이미 만들어진 규칙대로 되돌아뜨기하면서, 메리야스뜨기로 진행한다.
5단: 1단과 동일하게 뜬다.
6단(그리고 이어지는 모든 겉면 단): 이미 만들어진 규칙대로 되돌아뜨기하면서, 모든 코 겉뜨기한다.
7단: 1단과 동일하게 뜬다.
9단: 단 끝까지 안뜨기한다, 케이블코잡기로 2코 만든다.
11단: 9단과 동일하게 뜬다.
13단: 단 끝까지 안뜨기한다, 케이블코잡기로 3코 만든다.
15단: 단 끝까지 안뜨기한다, 케이블코잡기로 4-4-4-4 [4-4-4-4] 4-5-5-6코 만든다.
17단: 단 끝까지 안뜨기한다, 케이블코잡기로 8-9-9-9 [10-10-10-10] 13-12-12-13코 만든다.
18단: 단 끝까지 겉뜨기한다.
어깨 되돌아뜨기와 네크라인 코잡기를 완성하면, 왼쪽 앞판 코를 안전핀에 옮겨 쉼코로 둔다. (총 58-61-64-68 [70-73-77-82] 89-87-93-101코)

오른쪽 앞판
별실코잡기 실을 조심해서 풀어내, 3.0mm 바늘에 오른쪽 어깨 36-38-41-45 [46-49-53-58] 62-60-66-72코 줍는다.
1단(안면): 바탕실을 사용해서, 단 끝까지 안뜨기한다.
2단(겉면): 단 끝까지 겉뜨기한다.
3단: 안뜨기3-3-3-4 [4-4-4-5] 5-5-6-6, 랩앤턴.
4단: 단 끝까지 겉뜨기한다.
5단: 되돌아뜨기 코를 만날 때까지 안뜨기한다, 되돌아뜨기 코와 감긴 가닥을 함께 안뜨기한다, 안뜨기2-2-2-3 [3-3-3-4] 4-4-5-5, 랩앤턴.
4~5단을 8회 더 반복하는데, 동시에 네크라인 코늘림을 진행한다.
21단(겉면): 단 끝까지 겉뜨기한다.
22단(안면): 되돌아뜨기 코를 만날 때까지 안뜨기한다, 되돌아뜨기 코와 감긴 가닥을 함께 안뜨기한다, 단 끝까지 안뜨기한다.
동시에 편물이 네크라인에서 재서 3cm가 되면, 다음과 같이 겉면 단 끝에서 코잡기를 시작한다:
1단(겉면): 단 끝까지 겉뜨기한다, 케이블코잡기로 1코 만든다.
2~4단: 이미 만들어진 규칙대로 되돌아뜨기하면서, 메리야스뜨기로 진행한다.
5단: 1단과 동일하게 뜬다.
6단(그리고 이어지는 모든 안면 단): 이미 만들어진 규칙대로 되돌아뜨기하면서, 모든 코 안뜨기한다.

7단: 1단과 동일하게 뜬다.
9단: 단 끝까지 겉뜨기한다, 케이블코잡기로 2코 만든다.
11단: 9단과 동일하게 뜬다.
13단: 단 끝까지 겉뜨기한다, 케이블코잡기로 3코 만든다.
15단: 단 끝까지 겉뜨기한다, 케이블코잡기로 4-4-4-4 [4-4-4-4] 4-5-5-6코 만든다.
17단: 단 끝까지 겉뜨기한다, 케이블코잡기로 8-9-9-9 [10-10-10-10] 13-12-12-13코 만든다.
18단: 단 끝까지 안뜨기한다.
양쪽 어깨 되돌아뜨기와 네크라인 코잡기를 완성하면, 앞판 연결하기 부분으로 간다.

앞판 연결하기
세팅 단(겉면): 오른쪽 앞판 코를 겉뜨기한다, 단코표시링 건다, 감아코잡기로 스틱 5코 만든다, 단코표시링 건다, 쉼코로 두었던 왼쪽 앞판 코를 바늘로 옮기고 겉뜨기한다. (총 121-127-133-141 [145-151-159-169] 183-179-191-207코)
다음 단(안면): 단코표시링까지 안뜨기한다, 단코표시링 옮긴다, 겉뜨기1, 안뜨기3, 겉뜨기1, 단코표시링 옮긴다, 단 끝까지 안뜨기한다.
다음 단: 단코표시링까지 겉뜨기한다, 단코표시링 옮긴다, 안뜨기1, 겉뜨기3, 안뜨기1, 단코표시링 옮긴다, 단 끝까지 겉뜨기한다.
계속해서 앞판 편물이 가장자리에서 재서 15.5-16.5-17-17.5 [19-19.5-20-21.5] 23-21.5-24.5-25.5cm가 될 때까지 이미 만들어진 무늬대로 진행하는데, 마지막으로 뜨는 단이 안면 단이 되도록 끝낸다.

몸판
세팅 단(겉면): 단코표시링까지 겉뜨기한다, 단코표시링 옮긴다, 안뜨기1, 겉뜨기3, 안뜨기1, 단코표시링 옮긴다, 단 끝까지 겉뜨기한다, 감아코잡기로 0-0-0-0 [0-0-0-0] 0-6-6-6코 만든다, 단코표시링 건다, 0-0-0-0 [0-0-0-0] 0-6-6-6코 만든다, 쉼코로 두었던 뒤판 코를 바늘로 옮기고 겉뜨기한다, 0-0-0-0 [0-0-0-0] 0-6-6-6코 만든다, 단코표시링 건다, 0-0-0-0 [0-0-0-0] 0-6-6-6코 만든다, 원통으로 잇고 단코표시링까지 겉뜨기한다. 이제 단 시작은 오른쪽 앞판과 스틱 코 사이에 있다. (총 237-249-261-277 [285-297-313-333] 361-377-401-433코)
다음 단(겉면): 안뜨기1, 겉뜨기3, 안뜨기1, 단코표시링 옮긴다, 단코표시링을 만나면 옮겨가며, 단 끝까지 겉뜨기한다.
원한다면 여기서 가슴 다트를 넣어도 좋다. 컵 사이즈에 따라 가슴에서 가장 높은 곳(가장 넓은 부분)에서 다트를 넣는다. 스틱 코는 가슴 다트 설명에서 언급되지 않음을 주의한다. 이미 만들어진 규칙대로 뜨면 된다.

C/D컵 가슴 다트
1단(겉면): 왼쪽 옆선 단코표시링 19-20-21-22 [22-23-24-25] 27-28-30-32코 전까지 겉뜨기한다, 랩앤턴.
2단(안면): 오른쪽 옆선 단코표시링 19-20-21-22 [22-23-24-25] 27-28-30-32코 전까지 안뜨기한다, 랩앤턴.
3단: 마지막 되돌아뜨기 5-5-5-6 [6-6-6-6] 7-7-8-8코 전까지 겉뜨기한다, 랩앤턴.
4단: 마지막 되돌아뜨기 5-5-5-6 [6-6-6-6] 7-7-8-8코 전까지 안뜨기한다, 랩앤턴.
3~4단을 3회 더 반복한다.
11단(겉면): 단 끝까지 겉뜨기한다.
12단(겉면): 되돌아뜨기 코를 만나면 감긴 가닥과 함께 겉뜨기하면서, 단 끝까지 겉뜨기한다.

E/F컵 가슴 다트
1단(겉면): 왼쪽 옆선 단코표시링 19-20-21-22 [22-23-24-25] 27-28-30-32코 전까지 겉뜨기한다, 랩앤턴.
2단(안면): 오른쪽 옆선 단코표시링 19-20-21-22 [22-23-24-25] 27-28-30-32코 전까지 안뜨기한다, 랩앤턴.
3단: 마지막 되돌아뜨기 3-3-4-4 [4-4-4-4] 5-5-5-5코 전까지 겉뜨기한다, 랩앤턴.
4단: 마지막 되돌아뜨기 3-3-4-4 [4-4-4-4] 5-5-5-5코 전까지 안뜨기한다, 랩앤턴.
3~4단을 5회 더 반복한다.
15단(겉면): 단 끝까지 겉뜨기한다.
16단(겉면): 되돌아뜨기 코를 만나면 감긴 가닥과 함께 겉뜨기하면서, 단 끝까지 겉뜨기한다.

G/H컵 가슴 다트
1단(겉면): 왼쪽 옆선 단코표시링 19-20-21-22 [22-23-24-25] 27-28-30-32코 전까지 겉뜨기한다, 랩앤턴.
2단(안면): 오른쪽 옆선 단코표시링 19-20-21-22 [22-23-24-25] 27-28-30-32코 전까지 안뜨기한다, 랩앤턴.
3단: 마지막 되돌아뜨기 2-3-3-3 [3-3-3-3] 3-4-4-4코 전까지 겉뜨기한다, 랩앤턴.
4단: 마지막 되돌아뜨기 2-3-3-3 [3-3-3-3] 3-4-4-4코 전까지 안뜨기한다, 랩앤턴.
3~4단을 7회 더 반복한다.
19단(겉면): 단 끝까지 겉뜨기한다.
20단(겉면): 되돌아뜨기 코를 만나면 감긴 가닥과 함께 겉뜨기하면서, 단 끝까지 겉뜨기한다.

가슴 다트를 뜬 후
가슴 다트를 완성하면, 몸판 편물이 진동 중심에서 재서 13.5cm가 될 때까지 혹은 원하는 길이에서 13.5cm 모자랄 때까지 이미 만들어진 무늬대로 진행한다.
3.25mm 바늘로 바꾼다.
배색실을 연결해서 밑단 무늬를 뜬다. 사이즈에 따라 무늬의 시작과 끝 그리고 반복 횟수가 다르니 주의한다.
2가지 색으로 작업할 때, 다음과 같이 스틱 코를 뜬다: (바탕실로 뜬다, 배색실로 뜬다)를 2회 반복한다, 바탕실로 뜬다.
밑단 무늬를 완성하면, 바탕실을 자르고 3.0mm 바늘로 바꾼다.

다음 단: 배색실을 사용해서, 안뜨기1, 겉뜨기3, 안뜨기1, 단코표시링 옮긴다, 단코표시링을 만나면 옮겨가며 단 끝까지 겉뜨기한다. 이제 스틱 코를 코막음하고 고무뜨기를 시작할 것이다.

세팅 단(겉면): 스틱 5코를 코막음하고 단코표시링을 제거한다, 안뜨기1, (겉뜨기2, 안뜨기2)를 왼손 바늘에 3코 남을 때까지 반복한다, 겉뜨기2, 안뜨기1.

다음 단(안면): 겉뜨기1, (안뜨기2, 겉뜨기2)를 왼손 바늘에 3코 남을 때까지 반복한다, 안뜨기2, 겉뜨기1.

이 고무뜨기로 13단 더 뜬다. 고무뜨기하면서 코막음한다.

소매

세팅 단(겉면): 바탕실과 3.0mm 바늘을 사용해서 진동 중심에서 시작해, 진동 둘레를 따라서 72-76-80-82 [88-90-94-100] 108-112-126-132코 줍는다, 단코표시링을 걸어 단 시작을 표시하고 원통으로 잇는다.

겉뜨기로 10단 뜬다.

코줄임 단: 겉뜨기1, 왼코줄임, 왼손 바늘에 3코 남을 때까지 겉뜨기한다, 오른코줄임, 겉뜨기1. (2코 줄어듦)

코줄임 단을 10-9-8-8 [7-7-7-6] 5-6-4-4번째 단마다 11-13-15-14 [17-18-18-21] 23-23-30-31회 더 반복한다. (총 48-48-48-52 [52-52-56-56] 60-64-64-68코)

계속해서 소매 편물이 진동 중심에서 재서 35.5-36-36-36 [37-37-37.5-38.5] 38.5-41-41-41cm가 될 때까지 혹은 원하는 길이에서 4.5cm 모자랄 때까지 코줄임 없이 평단으로 진행한다.

다음 단: (겉뜨기2, 안뜨기2)를 단 끝까지 반복한다.

이 고무뜨기로 13단 더 뜬다. 고무뜨기하면서 코막음한다.

앞여밈단

이제 앞판 스틱을 잘라 카디건 형태를 만들고 드러난 가장자리를 스틱 샌드위치 안에 숨길 것이다. 코를 잠시 쉬어둘 여유분 바늘이 필요하다.

재봉틀 혹은 코바늘을 사용해서 스틱을 보강한 다음 스틱 중심을 잘라 앞판을 둘로 나눈다. 코바늘로 보강한다면, 배색실 혹은 비슷한 색의 더 밝은 실 사용을 추천한다. 왼쪽 스틱 샌드위치를 먼저 진행한다.

샌드위치 아랫부분

세팅 단: 편물의 안면이 보이는 상태에서 3.0mm 바늘과 배색실을 사용해서, 왼쪽 앞판 아래쪽에서 시작해 고무뜨기 부분 그리고 스틱 겉뜨기 코 안에서 4단마다 3코 줍는다. (총 105-108-110-111 [114-115-118-121] 126-114-122-126코) 가슴 다트를 떴으면 117-120-122-123 [126-127-130-133] 126-134-138코 줍는다.

1단(안면): 1코걸러뜨기, 단 끝까지 안뜨기한다.
2단(겉면): 1코걸러뜨기, 단 끝까지 겉뜨기한다.
3단: 1단과 동일하게 뜬다.

실을 자르고 코를 바늘에 잠시 둔다.

샌드위치 윗부분

세팅 단: 편물의 겉면이 보이는 상태에서 3.0mm 바늘을 사용해서, 왼쪽 앞판 꼭대기에서 시작해 스틱 안뜨기 코 안 그리고 고무뜨기 부분에서 4단마다 3코 줍는다. (총 105-108-110-111 [114-115-118-121] 126-114-122-126코) 가슴 다트를 떴으면 117-120-122-123 [126-127-130-133] 126-134-138코 줍는다.

1단(안면): 1코걸러뜨기, 단 끝까지 안뜨기한다.
2단(겉면): 1코걸러뜨기, 단 끝까지 겉뜨기한다.
3단: 1단과 동일하게 뜬다.

샌드위치 마무리하기

이제 스틱의 드러난 가장자리를 안에 두고 샌드위치를 닫을 것이다.

다음 단(겉면): *각 바늘에서 1코씩 2코를 겹쳐뜬다*, *~*를 단 끝까지 반복한다. 실을 자르고 코는 잠시 바늘에 둔다.

오른쪽 앞판에서도 비슷한 방식으로 샌드위치를 만든다. 그러나 샌드위치를 닫은 후 실을 자르지 않는다. 오른쪽 앞판 꼭대기에 실이 연결돼 있어야 한다.

네크라인과 코막음

이제 네크라인을 따라서 코를 줍고, 아이코드 코막음 기법으로 네크라인과 스틱 샌드위치를 코막음할 것이다.

세팅 단(겉면): 네크라인을 따라서 106-110-110-110 [114-114-114-114] 126-126-126-134코 줍는다, 왼쪽 앞판 코를 겉뜨기한다.

가슴 다트를 뜨지 않은 경우

아이코드 코막음(안면): *겉뜨기2, 꼬아뜨기로 왼코줄임, 오른손 바늘의 3코를 왼손 바늘로 옮긴다*, *~*를 왼쪽 앞판과 넥밴드 코를 모두 코막음할 때까지 반복한다, (겉뜨기2, 꼬아뜨기로 왼코줄임, 왼손 바늘로 3코 옮긴다)를 7-6-7-7 [6-6-8-6] 9-6-7-9회 반복한다, (겉뜨기3, 왼손 바늘로 3코 옮긴다)를 2회 반복한다, *(겉뜨기2, 꼬아뜨기로 왼코줄임, 왼손 바늘로 3코 옮긴다)를 15-16-16-16 [17-17-17-18] 18-17-18-18회 반복한다, (겉뜨기3, 왼손 바늘로 3코 옮긴다)를 2회 반복한다*, *~*를 5회 더 반복한다, *겉뜨기2, 꼬아뜨기로 왼코줄임, 왼손 바늘로 3코 옮긴다*, *~*를 남은 모든 코를 코막음할 때까지 반복한다. 실을 자르고 남은 3코 사이로 통과시켜 매듭짓는다.

가슴 다트를 뜬 경우

아이코드 코막음(안면): *겉뜨기2, 꼬아뜨기로 왼코줄임, 왼손 바늘로 3코 옮긴다*, *~*를 왼쪽 앞판과 넥밴드 코를 모두 코막음할 때까지 반복한다, (겉뜨기2, 꼬아뜨기로 왼코줄임, 왼손 바늘로 3코 옮긴다)를 6-7-5-5 [7-7-5-7] 6-7-7-6회 반복한다, (겉뜨기3, 왼손 바늘로 3코 옮긴다)를 2회 반복한다, *(겉뜨기2, 꼬아뜨기로 왼코줄임, 왼손 바늘로 3코 옮긴다)를 15-15-16-16 [16-16-17-17] 18-18-17-18회 반복한다, (겉뜨기3, 왼손 바늘로 3코 옮긴다)를 2회 반복한다*, *~*를 6회 더 반복한다, *겉뜨기2, 꼬아뜨기로 왼코줄임, 왼손 바늘로 3코 옮긴다*, *~*를 남은 모든 코를 코막음할 때까지 반복한다. 실을 자르고 남은 3코 사이로 통과시켜 매듭짓는다.

19

WEIGHTLESS
웨이트리스 스웨터

아주 가벼운 이 스웨터는 솔기 없이 위에서 아래로 내려 뜹니다. 둥근 요크에 섬세한 깃털 무늬가 있습니다.
네크라인, 소매 그리고 밑단은 가터뜨기로 뜹니다.

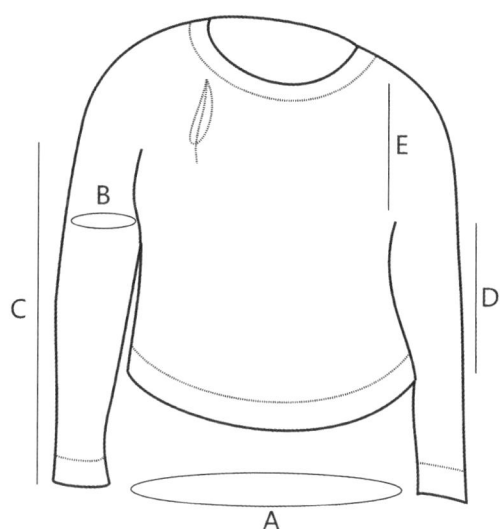

사이즈

XXS-XS-S-M1 [M2-L1-L2-XL] 2XL-3XL-4XL-5XL

이 스웨터는 여유분을 주어 디자인했다. 실제 가슴둘레에 약 15cm 여유분을 더한 사이즈를 선택하면 된다.

실

오션 바이 더 시Ocean by the Sea의 퀼Quill(포클랜드울 100%, 495m—100g), 프리다 푹스Frida Fuchs의 미니 퓍세 속Mini Füchse Sock(블루페이스 레스터울 75%, 나일론 25%, 85m—20g), 혹은 다른 라이트핑거링 굵기의 실.

사진 속 작품은 펄라Pearla(바탕실) 그리고 쉬퍼Schiefer(배색실) 색상을 사용했다.

바탕실: 2-3-3-3 [3-3-3-3] 4-4-4-5타래
배색실: 2-2-2-2 [3-3-3-3] 3-4-4-5작은 타래

실 소요량

바탕실: 970-1035-1100-1150 [1240-1295-1350-1465] 1635-1735-1910-2105m

배색실: 130-140-150-165 [175-190-190-210] 250-265-295-340m

바늘

100cm 길이 줄바늘 3.0mm, 3.25mm
소매를 뜰 때 장갑바늘을 선호한다면 장갑바늘 3.25mm
정확한 게이지 치수를 얻기 위해 필요하다면 바늘 호수를 조절한다.

게이지

3.25mm 바늘을 사용해서 원통뜨기로 메리야스뜨기, 28코×35단 =10×10cm(블로킹 후)

그 외 준비물

단코표시링 4개, 돗바늘

완성 치수

A. 가슴·허리·엉덩이둘레: 91.5-97-101.5-107 [113-117-124.5-131.5] 144.5-150-161.5-174.5cm

B. 위팔둘레: 28.5-30-32-32 [35-35.5-38-40] 42-45-50.5-53cm

C. 소매길이: 42-43-43-43 [44-44-44-45] 45-45-45-45cm

D. 진동 중심에서 잰 몸판길이: 30cm

E. 진동길이: 20.5-21-21.5-22.5 [23-24-24-25] 27-28-28.5-30.5cm

만드는 법

3.0mm 바늘과 바탕실을 사용해서, 128-128-128-128 [128-128-128-128] 132-136-134-134코 만든다, 단코표시링을 걸어 단 시작을 표시하고 원통으로 잇는다.
다음 단(겉면): 단 끝까지 겉뜨기한다.
다음 단: 단 끝까지 안뜨기한다.
두 단을 3회 더 반복한다.
3.25mm 바늘로 바꾼다.
다음 단: 단 끝까지 겉뜨기한다.
다음 단(XXS-XS-S-M1 [M2-L1-L2-XL] 4XL-5XL 사이즈만 해당): *겉뜨기12-8-5-4 [18-10-10-5] 9-5, 왼코늘림, 겉뜨기13-8-6-5 [18-11-11-6] 10-5, 왼코늘림*, *~*를 왼손 바늘에 3-0-7-2 [2-2-2-7] 1-4코 남을 때까지 반복한다, 단 끝까지 겉뜨기한다. (총 138-144-150-156 [135-140-140-150] 148-160코).
다음 단(XXS-XS-S-M1 [M2-L1-L2-XL] 4XL-5XL 사이즈만 해당): 단 끝까지 겉뜨기한다.

요크

각 단마다 무늬 도안을 23-24-25-26 [27-28-28-30] 33-34-37-40회 반복하며 요크 무늬를 뜬다. 사이즈에 따라 무늬 도안이 다르니 주의한다. (총 368-384-400-416 [432-448-448-480] 528-544-592-640코)
요크 무늬를 완성한 후, 배색실을 자른다.
다음과 같이 단코표시링을 걸어 표시하고 되돌아뜨기로 요크 모양을 만든다. 첫 번째 되돌아뜨기는 소매에서 이뤄지고 마지막 되돌아뜨기는 앞판에서 이뤄진다.
세팅 단: 바탕실을 사용해서, 겉뜨기58-61-63-67 [69-72-73-78] 87-89-95-104(뒤판), 단코표시링 건다, 겉뜨기68-70-74-74 [78-80-78-84] 90-94-106-112(오른쪽 소매), 단코표시링 건다, 겉뜨기116-122-126-134 [138-144-146-156] 174-178-190-208(앞판), 단코표시링 건다, 겉뜨기68-70-74-74 [78-80-78-84] 90-94-106-112(왼쪽 소매), 단코표시링 건다, 단 끝까지 겉뜨기한다, 단코표시링 제거한다, 다음 단코표시링까지 겉뜨기한다. 이제 단 시작은 뒤판과 오른쪽 소매 사이에 있다.
1단(겉면): 단코표시링 10코 전까지 겉뜨기한다, 랩앤턴.
2단(안면): (단코표시링까지 안뜨기한다, 단코표시링 옮긴다)를 2회 반복한다, 단코표시링 10코 전까지 안뜨기한다, 랩앤턴.
3단: 단코표시링을 옮겨가며 되돌아뜨기 코를 만날 때까지 겉뜨기한다, 되돌아뜨기 코를 감긴 가닥과 함께 겉뜨기한다, 겉뜨기4, 랩앤턴.
4단: 단코표시링을 옮겨가며 되돌아뜨기 코를 만날 때까지 안뜨기한다, 되돌아뜨기 코를 감긴 가닥과 함께 안뜨기한다, 안뜨기4, 랩앤턴.
3~4단을 2회 더 반복한다.
9단(겉면): 단코표시링을 옮겨가며 되돌아뜨기 코를 만날 때까지 겉뜨기한다, 되돌아뜨기 코를 감긴 가닥과 함께 겉뜨기한다, 겉뜨기8, 랩앤턴.
10단(안면): 단코표시링을 옮겨가며 되돌아뜨기 코를 만날 때까지 안뜨기한다, 되돌아뜨기 코를 감긴 가닥과 함께 안뜨기한다, 안뜨기8, 랩앤턴.
9~10단을 1회 더 반복한다.
다음 단(겉면): *단코표시링을 옮겨가며 되돌아뜨기 코를 만날 때까지 겉뜨기한다, 되돌아뜨기 코를 감긴 가닥과 함께 겉뜨기한다*, *~*를 1회 더 반복한다, 단 끝까지 겉뜨기한다.
계속해서 요크 앞판이 코를 잡은 가장자리에서 재서 20.5-21-21.5-22.5 [23-24-24-25] 27-28-28.5-30.5cm가 될 때까지 메리야스뜨기한다.

몸판

세팅 단(겉면): *단코표시링 제거한다, 다음 68-70-74-74 [78-80-78-84] 90-94-106-112코를 안전핀에 옮겨 쉼코로 둔다, 감아코잡기로 6-7-8-8 [10-10-14-14] 14-16-18-18코 만든다, 단코표시링 건다, 감아코잡기로 6-7-8-8 [10-10-14-14] 14-16-18-18코 만든다, 단코표시링 제거한다, 단코표시링까지 겉뜨기한다*, *~*를 1회 더 반복한다. 이제 단 시작은 오른쪽 진동 중심에 있다. (총 256-272-284-300 [316-328-348-368] 404-420-452-488코)
계속해서 몸판 편물이 진동 중심에서 재서 25.5cm가 될 때까지 메리야스뜨기로 진행한다.
다음 단: 단 끝까지 안뜨기한다.
다음 단: 단 끝까지 겉뜨기한다.
두 단을 7회 더 반복한다. 안뜨기하면서 코막음한다.

소매

쉼코로 두었던 소매 코를 바늘로 옮긴다.
세팅 단(겉면): 바탕실을 연결해서 진동 중심에서 시작해, 6-7-8-8 [10-10-14-14] 14-16-18-18코 줍는다, 소매 코를 겉뜨기한다, 진동에서 6-7-8-8 [10-10-14-14] 14-16-18-18코 줍는다, 단코표시링 걸어 단 시작을 표시하고 원통으로 잇는다. (총 80-84-90-90 [98-100-106-112] 118-126-142-148코)
겉뜨기로 10-10-10-10 [10-10-3-3] 3-3-3-3단 뜬다.
코줄임 단: 겉뜨기1, 왼코줄임, 왼손 바늘에 3코 남을 때까지 겉뜨기한다, 오른코줄임, 겉뜨기1. (2코 줄어듦)
코줄임 단을 10-9-7-8 [7-6-6-5] 5-5-4-4번째 단마다 12-13-16-15 [18-19-21-23] 23-26-33-34회 더 반복한다. (총 54-56-56-58 [60-60-62-64] 70-72-74-78코)
계속해서 소매 편물이 진동 중심에서 재서 37.5-38.5-38.5-38.5 [39.5-39.5-39.5-40.5] 40.5-40.5-40.5-40.5cm가 될 때까지 혹은 원하는 길이에서 4.5cm 모자랄 때까지 메리야스뜨기로 코줄임 없이 평단으로 진행한다.
다음 단: 단 끝까지 안뜨기한다.
다음 단: 단 끝까지 겉뜨기한다.
두 단을 7회 더 반복한다. 안뜨기하면서 코막음한다.

요크 무늬, XXS-XS-S-M1 [M2-L1-L2-XL] 사이즈

바탕실
배색실
겉뜨기1, 원코늘림
1~2단은 [M2-L1-L2-XL] 사이즈만 뜬다
코 없음

요크 무늬, 2XL-3XL-4XL-5XL 사이즈

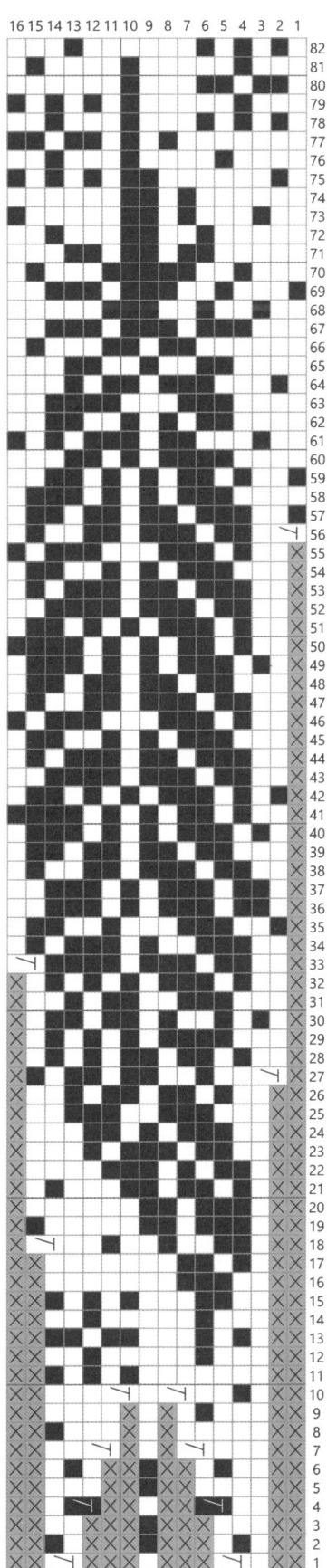

20

TAIMI
타이미 스웨터

타이미는 핀란드어로 '어린 나무'를 의미하는데, 레토 스웨터(p. 72)의 키즈 버전입니다.
레토 스웨터처럼 솔기 없이 위에서 아래로 내려 뜨고, 둥근 요크에 사랑스러운 나뭇잎 무늬가 있습니다.
6개월에서 12세까지 사이즈가 안내되어 있습니다.

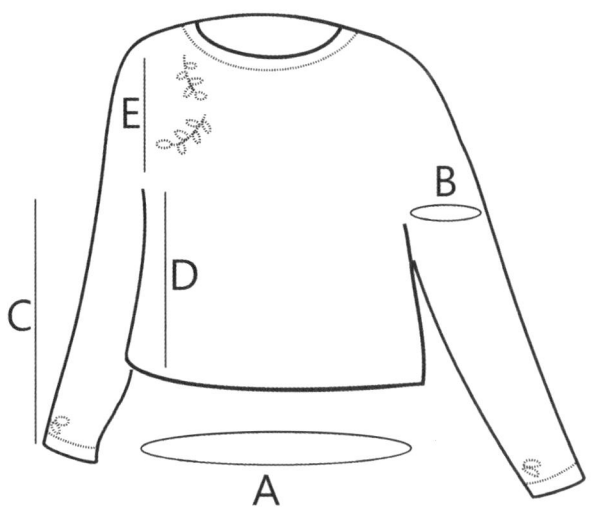

사이즈
6개월-12개월-18개월 [2세-4세-6세] 8세-10세-12세

실
존 아번 텍스타일스John Arbon Textiles의 야나델릭Yarnadelic(포클랜드 코리데일 울 100%, 333m—100g), 혹은 다른 스포트 굵기의 실.
사진 속 작품은 하모니움Harmonium(바탕실)과 더 뷰티풀 원스The Beautiful Ones(배색실) 색상을 사용했다.
바탕실: 1-1-1 [2-2-2] 3-3-3타래
배색실: 1타래

실 소요량
바탕실: 240-285-330 [390-530-640] 725-790-860m
배색실: 35-45-50 [60-70-80] 130-145-160m

바늘
40/60/80cm 길이 줄바늘 3.75mm(사이즈에 따라 바늘 길이를 선택한다)
소매를 뜰 때 장갑바늘을 선호한다면 장갑바늘 3.75mm
정확한 게이지 치수를 얻기 위해 필요하다면 바늘 호수를 조절한다.

게이지
원통뜨기로 메리야스뜨기·배색뜨기, 24코×29단=10×10cm(블로킹 후)

그 외 준비물
단코표시링 4개, 돗바늘

완성 치수
A. 가슴·허리·엉덩이둘레: 45-50-53.5 [62.5-66.5-71] 75-81-86cm
B. 위팔둘레: 20-21-21.5 [21.5-23.5-25] 26-26.5-27.5cm
C. 소매길이: 15-17.5-19 [23.5-27.5-31.5] 36.5-37.5-38.5cm
D. 진동 중심에서 잰 몸판길이: 15-16.5-18 [20.5-30.5-33] 38-38-38cm
E. 진동길이: 11.5-12.5-12.5 [13-14.5-15] 16.5-18-19.5cm

만드는 법

바탕실로 둥근코잡기 기법을 사용해서, 66-72-78 [84-90-96] 96-102-108코 만든다. 원통으로 잇고 단코표시링을 걸어 단 시작을 표시한다.

다음 단(겉면): (꼬아뜨기로 겉뜨기1, 안뜨기1)을 단 끝까지 반복한다. 이 꼬아고무뜨기로 5단 더 뜬다.

요크

각 단마다 무늬 도안을 11-12-13 [14-15-16] 16-17-18회 반복하며 요크 무늬를 뜬다. 사이즈에 따라 무늬 도안이 다르니 주의한다. (총 187-204-221 [238-255-272] 272-289-306코)

요크 무늬를 완성하면, 배색실을 자른다.

다음 단(6개월-18개월 [4세] 10세 사이즈만 해당): 왼코늘림, 단 끝까지 겉뜨기한다. (총 188-222 [256] 290코)

다음과 같이 단코표시링을 걸어 표시하고 되돌아뜨기로 요크의 모양을 만든다. 첫 번째 되돌아뜨기는 소매에서 이뤄지고 마지막 되돌아뜨기는 앞판에서 이뤄진다.

세팅 단: 바탕실을 사용해서 겉뜨기25-28-31 [36-38-41] 41-45-48(뒤판), 단코표시링 건다, 겉뜨기44-46-49 [48-52-55] 54-56-58(오른쪽 소매), 단코표시링 건다, 겉뜨기50-56-62 [71-76-81] 82-89-95(앞판), 단코표시링 건다, 겉뜨기44-46-49 [48-52-55] 54-56-58(왼쪽 소매), 단코표시링 건다, 단 끝까지 겉뜨기한다, 단코표시링 제거한다, 다음 단코표시링까지 겉뜨기한다. 이제 단 시작은 뒤판과 오른쪽 소매 사이에 있다.

1단(겉면): 단코표시링 10코 전까지 겉뜨기한다, 랩앤턴.

2단(안면): *단코표시링까지 안뜨기한다, 단코표시링 옮긴다*, *~*를 1회 더 반복한다, 단코표시링 10코 전까지 안뜨기한다, 랩앤턴.

3단: 단코표시링을 옮겨가며 되돌아뜨기 코를 만날 때까지 겉뜨기한다, 되돌아뜨기 코와 감긴 가닥을 함께 겉뜨기한다, 겉뜨기4, 랩앤턴.

4단: 단코표시링을 옮겨가며 되돌아뜨기 코를 만날 때까지 안뜨기한다, 되돌아뜨기 코와 감긴 가닥을 함께 안뜨기한다, 안뜨기4, 랩앤턴.

3~4단을 2-2-2 [3-3-3] 3-3-3회 더 반복한다.

다음 단(겉면): *단코표시링을 옮겨가며 되돌아뜨기 코를 만날 때까지 겉뜨기한다, 되돌아뜨기 코와 감긴 가닥을 함께 겉뜨기한다*, *~*를 1회 더 반복한다, 단 끝까지 겉뜨기한다.

계속해서 앞판 편물이 코를 잡은 가장자리에서 재서 11.5-12.5-12.5 [13-14.5-15] 16.5-18-19.5cm가 될 때까지 메리야스뜨기한다.

몸판

세팅 단(겉면): *단코표시링 제거한다, 다음 44-46-49 [48-52-55] 54-56-58코를 안전핀에 옮겨 쉼코로 둔다, 감아코잡기로 2-2-1 [2-2-2] 4-4-4코 만든다, 단코표시링 건다, 감아코잡기로 2-2-1 [2-2-2] 4-4-4코 만든다, 단코표시링 제거한다, 단코표시링까지 겉뜨기한다*, *~*를 1회 더 반복한다. 이제 단 시작은 오른쪽 진동 중심에 있다. (총 108-120-128 [150-160-170] 180-194-206코)

계속해서 몸판 편물이 진동 중심에서 재서 11.5-13-14.5 [17-27-29.5] 34.5-34.5-34.5cm가 될 때까지 메리야스뜨기한다.

꼬아고무뜨기(꼬아뜨기로 겉뜨기1, 안뜨기1)로 10단 뜬다. 고무뜨기하면서 코막음하거나 이탈리아식 코막음 기법을 사용한다.

소매

쉼코로 두었던 소매 코를 다시 바늘로 옮긴다.

세팅 단(겉면): 바탕실을 사용해서 진동 중심에서 시작해, 2-2-2 [2-2-3] 4-4-4코 줍는다, 소매 코를 겉뜨기한다, 진동에서 2-2-1 [2-2-2] 4-4-4코 줍는다, 단코표시링을 걸어 단 시작을 표시하고 원통으로 잇는다. (총 48-50-52 [52-56-60] 62-64-66코)

겉뜨기로 8단 뜬다.

코줄임 단: 겉뜨기1, 왼코줄임, 왼손 바늘에 3코 남을 때까지 겉뜨기한다, 오른코줄임, 겉뜨기1. (2코 줄어듦)

코줄임 단을 4-5-5 [7-7-12] 12-11-10번째 단마다 3-4-5 [5-7-5] 6-7-8회 더 반복한다. (총 40-40-40 [40-40-48] 48-48-48코)

계속해서 소매 편물이 진동 중심에서 재서 8-10.5-12 [16.5-20.5-24.5] 29.5-30.5-31.5cm가 될 때까지 혹은 원하는 길이에서 7cm 모자랄 때까지 코줄임 없이 평단으로 진행한다.

배색실을 연결해서 소매 무늬를 뜬다. 배색실을 자르고 바탕실로 1단 뜬다.

꼬아고무뜨기(꼬아뜨기로 겉뜨기1, 안뜨기1)로 10단 뜬다. 고무뜨기하면서 코막음하거나 이탈리아식 코막음 기법을 사용해서 코막음한다.

요크 무늬, 6개월-12개월-18개월 [2세-4세-6세] 사이즈

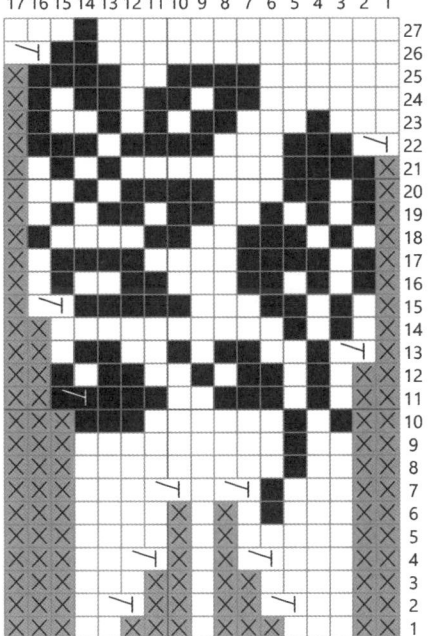

요크 무늬, 8세-10세-12세 사이즈

	바탕실
■	배색실
⎯	겉뜨기1, 왼코늘림
×	코 없음

소매 무늬

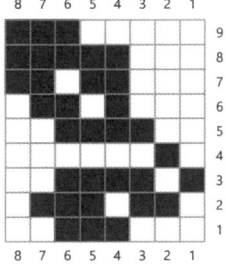

감사의 말

이 책은 나 혼자 만든 것이 아닙니다. 20개의 도안을 테스트하는 데 많은 테스트 니터의 도움이 필요했습니다. 모두에게 진심으로 감사드립니다. 여러분이 없었다면 이 책을 쓰는 건 거의 불가능했을 거예요. 특히 언제든 다른 프로젝트를 시작할 준비가 되어 있는 피아에게 특별한 감사를 표합니다. 내가 화보 촬영 전에 마이야 카디건을 마무리하지 못했을 때 피아가 자신이 뜬 작품을 빌려줘서 나를 구해주었습니다.

내 실력을 믿고 이 디자인들을 위해 보물을 제공해준 모든 실 제조사와 염색사 분들께 감사드립니다. 실은 항상 작업에 가장 큰 영감이었습니다. 집 근처 뜨개숍 주인인 티나, 언제든 기꺼이 도와주어서 고마웠어요.

욘나 그리고 시니, 내 도안을 믿을 수 없을 만큼 아름다운 책으로 만들어주어 감사합니다. 1년 전, 나는 조금 쑥스러워하며 탐페레로 운전해 갔었습니다. 농담으로라도 책 계약을 제안하기로 결심했지요. 하지만 내가 코트를 벗기도 전에, 여러분도 책 계약에 대해 생각해봤다고 말해주었지요. 두 사람이 없었다면, 내 새로운 커리어는 이렇게 멋진 출발을 하지 못했을 거예요.

그렇지만 나에게 꿈을 좇으라고 말해준 친애하는 친구 리스토가 없었다면, 내 직업이 이렇게 바뀌는 일은 일어나지 않았을 것입니다. 나는 나 자신을 믿지 못했는데, 리스토는 적어도 노력하지 않으면 그런 꿈들은 실현할 기회조차 가질 수 없음을 깨닫게 해주었습니다.

또한 내 가족에게도 감사합니다. 항상 나를 지지해주고 격려해준 부모님, 자매 그리고 남편과 함께 나의 삶에 들어온 나의 다른 가족. 바로 어제, 어머니는 내가 20년 전에 떴던 오래된 스웨터—내가 뜬 세 번째 옷—를 꺼내 보여주셨습니다! 아직도 그걸 갖고 있다는 것을 믿을 수 없었어요! 그리고 사랑하는 안니, 몇 년 전 그녀를 뜨개의 세계로 끌어들일 수 있었던 것이 얼마나 멋진 일인지. 안니는 세상에서 가장 멋진 자매일 뿐 아니라 훌륭한 뜨개 친구입니다.

그리고 가장 큰 감사는 당신의 것이에요, 내 사랑. 당신과 함께라면 모든 것이 얼마나 큰 모험처럼 느껴지는지! 그리고 당신이 얼마나 진심으로 이 여행에 동참했는지! 어떤 사람도 도저히 운전할 수 없을 것 같은 도로를 달려 나와 함께 실 가게를 뒤지거나, 버려진 성의 폐허에서 새로 뜨개질한 옷 사진을 찍기 위해 덤불이 가득한 울타리 구멍 사이로 기어 다니지는 않을 거예요. 나를 위해 대신 일을 해주고 이 책에 나와 함께하기로 동의해준 건 말할 필요도 없고요. 꿈을 이룬다는 것은 너무나 큰 기쁨이지만 당신과 함께할 수 있다는 것은 훨씬 큰 의미입니다.

안나 요한나

북유럽 스타일 손뜨개 니트
배색의 즐거움

초판 1쇄 인쇄 2023년 1월 15일
초판 1쇄 발행 2023년 1월 25일

지은이 안나 요한나
옮긴이 이순선

펴낸이 최정이
펴낸곳 지금이책
주소 경기도 고양시 일산서구 킨텍스로 410
전화 070-8229-3755
팩스 0303-3130-3753
이메일 now_book@naver.com
블로그 blog.naver.com/now_book
인스타그램 nowbooks_pub
등록 제 2015-000174 호

ISBN 979-11-88554-64-5(13590)

* 이 책은 저작권법에 따라 보호를 받는 저작물이므로 무단전재와 무단복제를 금지하며, 이 책 내용의 전부 또는 일부를 이용하려면 반드시 저작권자와 지금이책의 서면 동의를 받아야 합니다.
* 잘못되거나 파손된 책은 구입하신 서점에서 교환해드립니다.
* 책값은 뒤표지에 있습니다.

이 책의 본문은 '을유1945' 서체와 '말싸미815' 글꼴을 사용하여 디자인되었습니다.